ENCYCLOPÉDIE

POPULAIRE,

OU

LES SCIENCES, LES ARTS

ET LES MÉTIERS,

MIS A LA PORTÉE DE TOUTES LES CLASSES.

L'instruction mène à la fortune
et conduit au bonheur.

Les contrefacteurs seront poursuivis selon toute la rigueur de la loi.

Extrait du Code pénal.

Art. 425. Toute édition d'écrits, de composition musicale, de dessin, de peinture ou de toute autre production, imprimée ou gravée EN ENTIER OU EN PARTIE, au mépris des lois et règlemens relatifs à la propriété des auteurs, est une contrefaçon, et toute contrefaçon est un délit.

Art. 427. La peine contre le contrefacteur, et contre l'introducteur, sera une amende de cent francs au moins et de deux mille francs au plus, et contre le débitant, une amende de vingt-cinq francs au moins et de cinq cents francs au plus.

La confiscation de l'édition contrefaite sera prononcée tant contre le contrefacteur que contre l'introducteur et le débitant.

Les planches, moules et matrices des objets contrefaits seront aussi confisqués.

ART

DU VITRIER,

PAR DOUBLETTE-DESBOIS,
Peintre-Vitrier,

ET RÉDIGÉ

PAR M. ***.

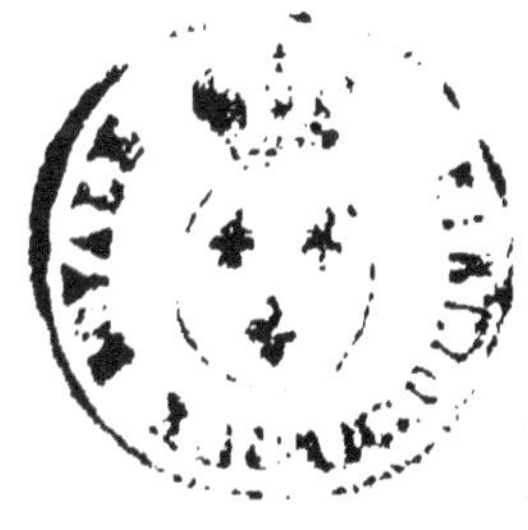

PARIS,
AUDOT, ÉDITEUR,
RUE DES MAÇONS-SORBONNE, N° 11.
1828.

IMPRIMERIE DE A. HENRY,
RUE GIT-LE-COEUR, N. 8.

ART

DU VITRIER.

Le verre à vitres dans l'emploi duquel s'exerce l'art du Vitrier, nous est le plus communément fourni, dans la partie moyenne et dans le nord et l'est de la France, par les verreries de Saint-Quirin, près Sarrebourg, département de la Meurthe;

De Sainte-Anne, près Baccarat;

De Saint-Louis, près Bitche, département de la Moselle;

De Cirey, près Blamont, département de la Meurthe;

De Monthermé, près Charleville; de Prémontré, près Coucy, département de l'Aisne;

De Sainte-Catherine, près Décise, département de la Nièvre;

D'Yvoi-le-Pré, près de Bourges.

Les verreries du midi et des environs de Lyon fournissent le reste de la France en grande partie, et leurs produits commencent même à venir rivaliser à Paris, avec ceux des verreries citées plus haut.

Saint-Quirin fabrique le plus beau verre à vitres ; cet établissement fournit principalement pour l'encadrement des estampes.

Les qualités qu'on recherche dans le verre à vitres sont la blancheur, l'absence de bulles, de filandres et de pierres, la rectitude du plan des surfaces et l'inaltérabilité lors de l'exposition aux injures de l'air. Il n'est en effet que trop fréquent de voir les vitraux exposés au grand air, aux météores et à l'humidité, devenir en partie opaques, perdre leur poli, s'irriser, et même quelquefois s'exfolier. On attribue principalement cet effet à l'excès de chaux, d'alcali ou d'oxides métalliques dans la composition du verre. Quoi qu'il en puisse être, cette considération est étrangère à l'objet dont nous nous occuperons ici. Qu'il suffise de connaître comment il est possible de juger d'avance de l'effet des vitres exposées à l'air. On prendra un fragment du verre qu'on aura l'intention d'employer; on le tiendra pendant quelques heures dans l'eau bouillante ; si cette épreuve ne lui fait rien perdre de son poli, ce sera déjà une forte présomption en faveur de son inaltérabilité, qui sera encore mieux constatée, si le fragment étant tenu pendant quelques jours dans l'acide muriatique du commerce, y conserve sa transparence, le poli et le brillant de sa surface.

Quant aux bulles, aux ondulations, aux inégalités d'épaisseur, au *gauchis* et à l'opacité laiteuse; tous ces défauts sont bien facilement discernables à la vue; pour le gauchis, on pourra, pour l'apprécier plus rigoureusement, s'aider d'une règle bien dressée en tous sens.

Il nous vient aussi beaucoup de verre d'Alsace.

Le verre d'Alsace se vend ordinairement à la feuille ou au paquet ou panier ; les plus petites feuilles ont 27 centimètres carrés; les plus grandes ont 87 centimètres sur 60.

Le verre dit de Bohême se vend au paquet, et principalement à la feuille. Le paquet est composé de plus ou moins de feuilles, suivant leurs dimensions : les plus petites ont 38 centimètres sur

27, et les plus grandes 97 centimètres sur 87.

Chaque feuille de verre porte en général sur la hauteur et sur la largeur, 1 centimètre de plus qu'elle n'est censée avoir dans les mesures de sa livraison. En outre, plus les feuilles sont petites, et plus le verre est mince; aussi les prix s'élèvent-ils rapidement passé une certaine dimension.

On choisit ordinairement le verre le plus épais pour l'employer dans le bas des croisées, c'est-à-dire là où il est le plus exposé aux chocs divers.

Dans l'intention d'offrir à nos lecteurs des moyens à peu près sûrs d'appréciation pour les travaux de vitrerie, d'après les prix de matières, nous avons réuni et comparé entre eux un assez grand nombre des tarifs de cette année, que nous nous sommes procurés dans les magasins des principaux marchands et dépositaires de verre à vitres de Paris. Dans l'impossibilité de donner ici tous ces tarifs, nous nous arrêtons à celui dont les prix nous paraissent s'approcher davantage d'une moyenne prise sur l'ensemble. C'est d'ailleurs le tarif d'un des Magasins les plus riches et les mieux fournis de la Capitale, et qui réunit les dépôts de plusieurs fabriques renommées pour la bonté de leurs produits.

TARIF

DU VERRE BLANC DIT DE BOHÊME.

Pouces.	1er choix.		2e choix.		Pouces.	1er choix.		2e choix.	
	fr.	c.	fr.	c.		fr.	c.	fr.	c.
70	70	»	60	»	45	5	50	4	75
69	65	»	55	»	44	5	»	4	50
68	60	»	50	»	43	4	75	4	25
67	55	»	45	»	42	4	50	4	»
66	50	»	40	»	41	4	25	3	75
65	45	»	36	»	40	4	»	3	50
64	40	»	32	»	39	3	75	3	25
63	35	»	28	»	38	3	50	3	»
62	30	»	25	»	37	3	30	2	80
61	26	»	22	»	36	3	15	2	70
60	23	»	20	»	35	3	»	2	60
59	21	»	18	»	34	2	85	2	50
58	19	»	16	»	33	2	70	2	40
57	17	»	14	»	32	2	60	2	30
56	15	»	13	»	31	2	50	2	20
55	14	»	12	»	30	2	40	2	10
54	13	»	11	»	29	2	30	2	»
53	12	»	10	»	28	2	20	1	90
52	11	»	9	»	27	2	10	1	80
51	10	»	8	»	26	2	»	1	70
50	9	»	7	»	25	1	90	1	60
49	8	»	6	50	24	1	80	1	50
48	7	»	6	»	23	1	70	1	40
47	6	50	5	50	22	1	60	1	30
46	6		5		21	1	50	1	20

Le prix du dépoli mince est le même que celui du blanc 2e, et celui du *dépoli double*, moitié en sus.

Le verre rouge est de 5 fr. le pied.

Les autres couleurs de 2 fr. 50 c. *id*

TARIF

DU VERRE DE TEINTE BLANCHE POUR GRAVURES.

Pouces.	Mixte.		Ordinaire.		Pouces.	Mixte.		Ordinaire.	
	fr.	c.	fr.	c.		fr.	c.	fr.	c.
62	12	»	9	»	37	1	80	1	40
61	11	»	8	»	36	1	70	1	30
60	10	»	7	»	35	1	60	1	20
59	9	»	6	50	34	1	50	1	10
58	8	»	6	»	33	1	40	1	05
57	7	50	5	50	32	1	30	1	»
56	7	»	5	»	31	1	20	»	95
55	6	50	4	60	30	1	10	»	90
54	6	»	4	30	29	1	05	»	85
53	5	50	4	»	28	1	»	»	80
52	5	»	3	70	27	»	95	»	75
51	4	50	3	40	26	»	90	»	70
50	4	»	3	10	25	»	85	»	65
49	3	50	2	80	24	»	80	»	60
48	3	25	2	60	23	»	75	»	55
47	3	»	2	40	22	»	70	»	50
46	2	75	2	30	21	»	65	»	45
45	2	60	2	20	20	»	60	»	40
44	2	50	2	10	19	»	55	»	38
43	2	40	2	»	18	»	50	»	35
42	2	30	1	90	17	»	45	»	30
41	2	20	1	80	16	»	40	»	28
40	2	10	1	70	15	»	35	»	25
39	2	»	1	60	14	»	30	»	23
38	1	90	1	50	13	»	25	»	20

Escompte 3 pour 100 comptant, sur toutes les ventes de toute espèce de verre.

TARIF

DU VERRE A VITRE DIT D'ALSACE.

Pouces.	Blanc.		Demi-blanc.		Pouces.	Blanc.		Demi-blanc.	
	fr.	c.	fr.	c.		fr.	c.	fr.	c.
60	6	»	5	»	38	1	30	1	10
59	5	50	4	75	37	1	20	1	»
58	5	»	4	50	36	1	10	»	90
57	4	50	4	25	35	1	»	»	85
56	4	25	4	»	34	1	95	»	80
55	4	»	3	75	33	»	90	»	75
54	3	75	3	50	32	»	85	»	70
53	3	50	3	25	31	»	80	»	65
52	3	25	3	»	30	»	75	»	60
51	3	»	2	80	29	»	70	»	55
50	2	80	2	60	28	»	65	»	50
49	2	60	2	40	27	»	60	»	48
48	2	40	2	20	26	»	55	»	45
47	2	20	2	»	25	»	50	»	43
46	2	10	1	90	24	»	45	»	40
45	2	»	1	80	23	»	43	»	38
44	1	90	1	70	22	»	40	»	35
43	1	80	1	60	21	»	38	»	33
42	1	70	1	50	20	»	35	»	30
41	1	60	1	40	19	»	33	»	28
40	1	50	1	30	18	»	30	»	25
39	1	40	1	20	17	»	28	»	23

Verre à couper au détail, par caisses de 5 mesures réunies ou séparées, en blanc, demi-blanc, commun.

Le *verre double* est du double du prix du verre à vitre de l'une ou de l'autre sorte.

Il y a du verre à couper depuis 1 fr. 5 c. jusqu'à 1 fr. 60.

Principaux Marchands de verre à vitres, et Entrepositaires à Paris.

Anvaria et Chino, marchands en gros et en détail, entrepreneurs de vitrerie, rue du Faubourg-Saint-Martin, n° 69.

Bidot (Henry), magasin de verres d'Alsace, de Bohême et à estampes, tient les diamans pour les vitriers, les lanternes et les verres de couleur, Grande-rue-Verte, n° 3.

Bitterlin (Elie), tient les verres blancs de toute espèce pour bâtimens et pour gravures, les diamans à couper le verre, rue Michel-le-Comte, n° 37.

Bitterlin (P.), tient les verres en table épais, dits de Bohême, pour bâtiment, verres blancs pour gravures, verres à vitres de toute espèce, verres doubles et glaces brutes pour couvertures; verres de couleur pour vitraux d'église, verre dépoli ou mat; dépôt de flint-glass pour l'optique, rue des Deux-Ecus, n° 17.

Charron, rue Vivienne, n° 15.

Combe et Dumas, tiennent les verres en table, dits de Bohême, verres d'Alsace, verres de couleur, cylindres des verreries de Saint-Quirin et de Monthermé, rue des Bourdonnais, n° 12.

Dordet (Ve) et Ce., tiennent les verres d'Alsace, les verres blancs dits de Bohême, pour estampes et bâtimens, verres de couleur pour vitraux d'église; diamans et plombs à l'usage des vitriers, rue Traversière-Saint-Honoré, n° 47.

Dupontrué, rue Saint-Louis au Marais, n° 57.

Etourneau, rue de Provence, n° 67.

Evrard Fils, passage de la Réunion, n° 2.

Gilbert-Rouchonnat, r. de la Tannerie, n° 34.

Huet, rue du Four-Saint-Germain, n° 51,

Lebrun (Vor), Dubreuil et Ce., tiennent les verres blancs de toute espèce pour le bâtiment et pour gravures, les diamans à couper; font la commission pour la France et l'étranger.

Leclerc aîné, tient le verre pour bâtiment et estampes, les manchons ronds et ovales, les diamans pour vitriers, rue Saint-Denis, n° 374.

Leclerc jeune, tient les verres blancs en table dits verres de Bohême, les blancs pour estampes, les verres de couleur de toute espèce pour le bâtiment; fait la commission pour la France et l'étranger, rue des Fossés-Montmartre, n° 14, passage du Vigan.

Legrand, rue de Bretagne, n° 8.

Lejeune, rue du Four-Saint-Germain, n° 28.

Lemasson, rue de Bussy, n° 15.

Reynier, tient les verres blancs dits de Bohême, les verres demi-blancs d'Alsace, et les verres de couleur pour vitraux d'églises et les pavillons de jardins; tient les diamans pour les vitriers, rue St-Jacques, n° 174.

Suttin, tient les verres à estampes dits de Bohême, les doubles glaces brutes pour châssis, les dépolis et de couleur, diamans pour vitriers, faubourg Saint-Antoine, n° 77.

CHAPITRE PREMIER.

TRAVAUX

DU VITRIER.

OUTILS.

1°. Un petit diamant, trop petit pour souffrir l'égrisage et la taille, ou le plus souvent un éclat de diamant, constitue l'outil principal du Vitrier. Il lui sert à couper avec la plus grande promptitude et la plus grande facilité, les feuilles de verre, pour les réduire aux dimensions requises pour la mise en œuvre.

On appelle diamans de bord les petits diamans qui ne peuvent servir qu'à cet usage.

Entre les différentes couleurs de diamans, l'expérience a fait préférer aux vitriers, ceux qui sont de couleur incarnate, ou qui en approchent le plus, et qui, dans leur langage, sont de couleur de vinaigre. Ils se vendent chez les lapidaires au poids de grain. Ceux qu'on estime le plus sont ceux dans lesquels une bonne vue peut découvrir le plus de points ou de coupes, parce que ces points étant plus ou moins sujets à s'adoucir par un long usage, le diamant qui a le plus de pointes, peut fournir beaucoup de coupes.

Autrefois les vitriers plus jaloux de leur industrie, montaient eux-mêmes leurs diamans dans des viroles de fer rondes, qui venant en diminuant vers leur pointe, se terminaient vers le haut par un manche de buis, d'ébène ou d'ivoire, au choix de l'ouvrier. Ils se servaient, pour insérer le diamant dans le creux de la virole, de cire d'Espagne, qui se contenant dans une consistance mollasse dans la virole qui avait été chauffée, leur donnait le tems de tourner et retourner le diamant sur ses pointes ou sur les coupes que l'artiste croyait les plus avantageuses à sa main. Et en effet, tel vitrier, en coupant le verre, a le poignet plus ou moins renversé; ou en devant, ce qui dénote une main pesante; ou en arrière, ce qui procure plus de légèreté; ou sur le côté hors de la règle, ce qui fait varier la coupe et est bien moins sûr; ou en penchant sur la règle, ce qui donne à la main plus d'appui, par conséquent plus de sûreté, et à la coupe une direction plus égale. De là vient, qu'un vitrier ne peut que rarement et difficilement se servir du diamant d'un autre.

Cependant, quelques vitriers qui éprouvaient à leurs dépens que leur main était moins sûre, crurent se procurer un expédient plus utile en faisant enchâsser cette virole dans une autre, sur laquelle, du côté de la coupe, était brâsée une petite plaque d'acier qui leur servait de conduite ; et c'est le nom qu'ils donnèrent à cette nouvelle monture qu'ils traînaient le long de la règle.

Enfin, depuis quelques années, ils ont confié le soin de monter leurs diamans à des hommes qui, adroits à saisir la pente naturelle de la main de ceux qui les emploient, se sont fait une profession de l'art de monter les diamans à l'usage, tant des vitriers, que des miroitiers.

Ces hommes, la plupart vitriers eux-mêmes, inventèrent des montures d'une nouvelle forme, dont la virole de cuivre, dans laquelle ils enchâssent le diamant avec de la soudure d'étain fondue, est enfermée dans un fût d'acier, au travers duquel elle passe. Ils donnèrent à cette monture le nom de *Rabot*. Le côté plat qui glisse à frottement le long de la règle, se trouve parallèle à la coupe ou pointe du diamant, suivant la flexion habituelle du poignet de celui qui doit s'en servir, et pour lequel on a eu l'intention de le monter. On tient le diamant comme la plume pour écrire; avec cette différence, néanmoins, qu'au lieu que la plume passe entre le pouce et le second doigt, le manche du diamant doit passer entre le second et troisième doigt, qui lui sert de conducteur, pendant que le pouce lui sert d'appui; le second doigt qui tombe négligemment sur le manche, servant uniquement à l'entretenir dans sa juste positon.

On juge de la bonté d'une *coupe*, c'est-à-dire, du tranchant du diamant, lorsque filant avec un cri ni trop aigre, ni trop doux sur le verre qu'elle presse, elle y forme une trace noire, fine, qui s'ouvre lentement, et devient, lorsqu'elle est ouverte, aussi claire qu'un fil d'argent, sans laisser sur la surface du verre aucune poussière blanche; car alors le verre ne serait que rayé, sans être coupé. Il ne faut pas non plus que la coupe s'ouvre trop; car alors l'air s'introduisant trop vite dans la première ouverture que la pointe du diamant aurait faite dans le verre, il y aurait danger que, venant à se casser, il ne prît, en se fracturant, toute autre route que celle qu'on voulait lui tracer avec la pointe du diamant, et c'est ce qui n'arrive que trop souvent. Enfin, le meilleur indice de la bonté d'une *coupe*, c'est lorsqu'après la désunion des deux morceaux qui ont été coupés, ont sent au long de la tranche qui forme leur séparation, que les deux surfaces de chaque division sont unies; toute coupe raboteuse étant sujette à former des langues qui peuvent devenir ruineuses pour le vitrier.

Au reste, les mêmes diamans ne mordent pas également sur toutes sortes de verres. Tel diamant est propre à couper le verre commun, qui ne presse point assez le verre blanc, ordinairement plus dur. Il y a même dans le verre commun, du verre sec comme du grès, sur lequel la *coupe* la plus vive ne fait que blanchir.

C'est à la coupe que l'on reconnaît la bonté de la recuisson du verre à vitres. Une feuille de verre mal recuite, ne se coupe que difficilement. Le diamant y prend mal; le trait s'ouvre avec peine; souvent elle se casse et se met en pièces avant que le trait soit ouvert. La main qui soutient le plat de verre en l'air pour en diriger la coupe et la faire ouvrir en le frappant, se trouve alors repoussée par les morceaux qui se détachent du plateau, à peu près comme elle le serait par un ressort qui se débanderait. La raison de ce phénomène est le refroidissement trop subit qu'a subi le verre, dont les parties ont éprouvé un degré de contraction inégal, d'où il est résulté une espèce de petits ressorts bandés, qui, venant à se détendre par la rupture de quelques-uns d'eux sous la pression du diamant, ou par les efforts que l'on fait pour ouvrir le trait, occasionent un effet différent; car quelquefois la feuille éclate par morceaux; quelquefois le trait que la pointe du diamant y a empreint, s'ouvre dans toute sa longueur avec une rapidité incroyable. Que de risques en coupant de tel verre! car, outre la perte de la marchandise, combien n'y a-t-il pas de vitriers blessés, et même estropiés par de tels accidens! Les vitriers appellent *casilleux*, le verre qui offre cette défectuosité.

Le diamant, depuis sa découverte sous le rapport de l'usage qu'on en a fait pour couper le verre (ce qui ne date guère que du seizième siècle), est devenu le premier terme de l'industrie du vitrier. Nous donnons, *fig.* 13, une représentation du diamant de vitrier monté en rabot.

Quand le trait formé à l'aide du diamant ne s'est pas ouvert avec régularité dans la direction qu'y voulait donner l'ouvrier, et que la coupure a été interrompue par quelques redens, le vitrier, pour les faire disparaître et redresser la ligne du trait, fait usage de l'outil que nous représentons *fig.* 2 et 18, et qui porte le nom de *grésoir* ou *grugeoir*, parce qu'il sert effectivement à égruger les extrémités d'un carreau de verre. Cet instrument est de fer; il a à chaque extrémité une entaille dans laquelle l'ouvrier engage le bord du verre à *égriser;* ce qu'il exécute en tenant ferme son outil de la main droite, en tournant le poignet sur lui-même, et faisant glisser de la main gauche le bord du verre dans l'entaille du *grésoir*, à mesure que le travail avance.

On peut mettre le *grésoir* entre les outils propres à couper le verre, ou au moins à le disposer à la jointure qui doit s'en faire, soit dans les cases d'un châssis, soit dans l'encastrement avec des lames de plomb. Il y a plusieurs sortes de *grésoirs*, qui ne diffèrent entre eux que par la grosseur; les plus petits, que l'on nomme *cavoirs*, servent à ronger les contours circulaires et les angles des pièces percées et évidées de toutes figures qui entrent dans la composition des entrelacs ou dans les remplissages ou fonds de ces mêmes pièces dans les chefs-d'œuvre.

On se servait anciennement pour percer les pièces de verre d'un seul morceau, d'une pointe d'acier; mais on a trouvé depuis, pour cet effet, un expédient plus aisé et plus sûr, en se servant d'une pointe de diamant montée en foret sur un archet. L'usage facile de ces sortes d'instrumens suppose dans le vitrier beaucoup de loisir et de patience, de légèreté de main et d'adresse. La pratique en était beaucoup plus fréquente et plus nécessaire dans les anciens vitraux peints; mais encore aujourd'hui, c'est une règle indispensable en matière de chefs-d'œuvre, que toutes les pièces de la vitrerie soient terminées par la groisure et le perçage au diamant.

Le *Compas de fer* que nous représentons, *fig.* 1, sert à prendre les différentes mesures des carreaux.

Le *Marteau de fer*, fig. 5 et 26 et dont l'extrémité du manche est en bois, ressemble beaucoup à celui des tapissiers, mais il est plus fort; il sert à enfoncer les pointes employées pour attacher les panneaux et carreaux de verre sur les bois des croisées et châssis.

La *Tenaille*, fig. 24, sert principalement à arracher les pointes que l'on veut déplacer.

Le *Pousse-Fiche de fer*, fig. 11, sert à faire ressortir les fiches qu'on veut extraire des châssis. C'est un morceau de fer rond et allongé, courbé d'équerre.

L'*Equerre*, fig. 8, sert à couper le verre carrément. Elle est en acier, et percée d'espace en espace, et biseautée en dedans.

La *Règle*, fig. 3, sert pour tracer les différentes espèces de carreaux. Outre la règle commune de bois dont les vitriers se servent pour tracer les formes et les dimensions de leurs panneaux, ils en ont encore une petite qu'ils nomment *règle à la main*, le long de laquelle ils coupent le verre au diamant. Cette règle à deux petits mentonnets ou seulement une petite pièce de bois, de 5 ou 6 pouces de longueur, attachée par dessus, avec laquelle ils l'appuient d'une main sur le plateau de verre, tandis que de l'autre ils conduisent le diamant le long d'un de ses côtés.

Les *Pointes pour arrêter les carreaux*, fig. 9 et 12, sont en usage avec les vitriers pour attacher les panneaux et carreaux de verre sur les bois des croisées et châssis. Ce ne sont pas ordinairement des clous faits exprès, mais seulement le bout des clous que les maréchaux emploient à ferrer les chevaux; ou tout simplement des pointes dites de Paris.

Le *Baquet à la colle*, fig. 14, et la *Brosse à la colle*, fig. 15, servent pour le collage aux vitriers, c'est-à-dire pour l'application des bandes de papier.

Voilà les seuls outils qui servent assez généralement aujourd'hui pour les opérations de la vitrerie, bornées à la coupe des carreaux et à leur attache dans des châssis en bois; mais les procédés d'assemblage des pièces de verre en lanternes, réverbères, et surtout en vitraux d'église, etc., exigent une suite beaucoup plus considérable d'outils et d'instrumens, dont nous décrirons les principaux à leur article.

Vitrage en grands Carreaux.

Le vitrage à la moderne ne comprend plus généralement que l'encadrement des carreaux de vitre dans des châssis de bois en panneaux que les menuisiers nomment *croisées à la française*. Celles-ci sont ordinairement destinées aux bâtimens d'habitation. Pour les églises, ces châssis sont le plus souvent en fer, ou bien les jours à vitrer sont divisés par des meneaux en pierre.

Les panneaux de vitre se fixent aux feuillures des châssis en bois avec des pointes et du mastic; mais si le bois est peint en détrempe, on remplace le mastic, dont l'huile tacherait et enlèverait même la détrempe, par des bandes de papier collé.

On n'a plus guère affaire aujourd'hui qu'à du verre en grands carreaux coupés, ou dans des plats qui sortent des verreries de Normandie en paniers, ou dans des tables de verre qui viennent d'Alsace, de la Franche-Comté, etc., ou enfin dans des feuilles soufflées d'abord en manchons cylindriques et ensuite fendus et étendus. Or, des manières d'employer le verre en grands carreaux, la première et la plus ancienne, à présent presque tombée en désuétude, consistait à les entourer de plomb neuf en les contre-collant par derrière avec des bandes de papier étroites. Celles qui sont à présent les plus usitées, se réduisent 1° à coller les carreaux attachés en feuillure avec pointes, ou par dehors seulement, ou par dessus et par dedans, ce qu'on appelle *contre-coller*; 2° à les recouvrir de bandes de mastic. Ce sont ces deux manières d'employer les grands carreaux de verre qui vont faire le sujet de cet article.

Comme en coupant les carreaux de verre d'une croisée quelconque sur le carton où l'on en a tracé la mesure, parce que, plus souple que le bois de la table, il se prête plus aisément aux sinuosités de la surface du verre; comme, disons-nous, l'irrégularité des mesures des carreaux dans une même croisée exige du vitrier de laisser à chaque carreau une bonne ligne d'équerre à recouper en les plaçant en feuillure; c'est par là qu'il doit commencer, en disposant ses carreaux avec assez d'attention pour que les plus défectueux soient hors de vue autant que possible. Il les relève ensuite du châssis dans lequel ils ont été coupés, dans le même ordre où ils ont été placés, et trace avec la pierre blanche sur le châssis et sur le premier ou sur le dernier carreau (ce qui est arbitraire) le même chiffre qui en désigne la place, pour après les avoir mouillés à moitié dans le baquet, dans lequel il a soin d'entretenir toujours de l'eau, les porter à égoutter dans une auge de plomb placée près de la table au sable. Cette table est ordinairement de bois de chêne, bordée sur le derrière et sur le côté de planches y attachées solidement, pour poser les carreaux lorsqu'on les nettoie.

On se sert pour cela d'un sable doux et fin que l'on promène légèrement sur le carreau, des deux côtés, l'un après l'autre, pour en essuyer l'humidité et la crasse avec un torchon de vieux linge, jusqu'à ce qu'il soit bien net. C'est assez ordinairement l'occupation des apprentifs, qui doivent apporter une attention singulière à refaire les mêmes marques qui ont été empreintes sur un des carreaux de chaque *tas*. L'ouvrier qui a levé les carreaux de rang, les replace lorsqu'ils sont nets, dans le même ordre dans la feuillure, où il les attache avec 4 pointes de clous de maréchal, ou de clous de fil de fer, vulgairement dits *clous d'épingle sans tête*, pour passer ensuite entre les mains de celui qui doit les coller.

Le papier dont les vitriers se servent le plus ordinairement, pour coller les carreaux, est du carré moyen entier, beau, plus communément dit *bon-trié*, de 15 pouces 3 quarts de haut sur 20 pouces de large, ou du papier bulle de Thiers en Auvergne, dit *à la main*, haut de 12 pouces, et large de 20. Le premier, par sa hauteur et sa blancheur, lorsqu'il est bien collé et sans grandes cassures, est préférable au second; mais le second étant toujours beaucoup plus collé, est moins sujet à se détremper sur l'ais et à se casser lorsqu'on lève les bandes de dessus ledit ais pour s'en servir. Celui-ci sert plus communément à contre-coller.

Il est avantageux aux vitriers d'avoir toujours plusieurs mains de papier coupées en bandes; plus le papier est anciennement coupé, ce que l'on fait dans certains momens où l'on est pas si pressé, plus il est soigneusement enveloppé, et plus il se sèche, moins il se détrempe en le collant sur l'aís. On prend à cet effet une demi-main de papier qui, ployée en deux par le milieu, forme l'épaisseur d'une main, sur laquelle on coupe des levées de bandes, et ainsi successivement suivant la quantité de mains que l'on veut couper. On se sert à cet usage d'un couteau qui coupe bien, dont on passe d'abord le dos en appuyant sur la levée qu'on veut faire. Le pli qu'il y forme sert de guide au tranchant du couteau, que l'on conduit de la main droite, pendant que la gauche appuyée sur la levée, tenant le papier ferme, empêche qu'il ne se dérange. Ainsi toutes les levées seront coupées nettes sur leurs bords et sans dentelure.

Le papier peut se couper sur deux faces : ou sur sa hauteur, pour former ce que les vitriers appellent des bandes de hauteur, qu'ils emploient aussi cependant sur la largeur des feuillures, lorsqu'elle excède 10 pouces ; ou sur toute la largeur, pour en faire ce qu'ils appellent des *bandes d'équerre*, c'est-à-dire qui entourent l'équerre d'un carreau dans les mesures qui le comportent; ou pour border deux largeurs, lorsque les carreaux ne passent pas 10 pouces de large. Ces bandes sont ordinairement de 11 à 12 lignes de face. Le papier à contre-coller se coupe aussi par bandes, mais plus étroites ; car elles ne doivent par porter plus de 4 à 5 lignes de face. On les coupe ordinairement de mesure juste, pour entourer le carreau à quatre reprises; c'est pourquoi l'on n'en coupe que pour le besoin.

Pour coller, il est bon que la colle soit prête un jour avant que d'être employée. Trop chaude, elle formerait trop d'épaisseur sur le papier; outre qu'il serait plus difficile de l'étendre, elle serait plus long-tems à sécher. Dans les boutiques où l'on en emploie le plus, on a une chaudière de fonte de fer qui contient 18 pintes d'eau environ; on y mesure d'abord 2 litres de farine de froment, de la meilleure, qu'on délaie petit à petit avec cette eau, en se servant d'une cuiller ou spatule de bois, en la battant comme on fait pour la bouillie. On y ajoute peu à peu, et en l'agitant toujours, l'eau nécessaire pour remplir la marmite, que l'on pose ensuite sur le trépied qui doit la recevoir.

Ceux qui veulent la colle meilleure, jettent sur le tout 2 onces d'âlun. Ce sel, outre qu'il sert à donner à la colle plus d'adhérence du papier collé sur le verre, tient ce papier plus ferme, et moins sujet à se détremper sur l'ais, et empêche la colle de tourner et de s'aigrir sitôt, pendant les grandes chaleurs de l'été. Alors on ne cesse d'agiter la colle sur le feu, et toujours vers le fond de la chaudière surtout, de crainte que la farine ne se pelote par grumeaux, ou ne brûle. Dès qu'on s'aperçoit qu'elle s'épaissit, on cesse de l'agiter jusqu'à ce qu'elle commence à s'élever par bouillons. On juge que la colle est bien cuite, lorsqu'à l'odorat on y trouve cette odeur de bonne bouillie; on la verse ensuite toute chaude dans une terrine vernissée, ou dans un seau, où on la laisse refroidir, et non dans la chaudière, où elle noircirait, ce qui tacherait le papier.

Lorsque la colle est un peu trop épaisse, on peut la détremper avec un peu d'eau froide, ou chaude, en mêlant bien le tout, jusqu'à ce qu'il soit réduit en une consistance égale, de façon cependant, qu'elle ne perce pas trop à travers le papier.

Les vitriers pour étendre la colle sur le papier, se servent d'un ais, ou planche de bois de chêne de 2 pieds de long, au moins, et de 12 à 15 pouces de large, peint à l'huile du côté où ils doivent étendre les bandes de papier. Ils doivent avoir grand soin de laver cet ais, et de le frotter avec une brosse sitôt qu'ils cessent de s'en servir, pour en détacher la colle qui aurait pu s'y arrêter. Ces précautions empêchent le papier de tenir à l'ais, lorsque l'on recommence à s'en servir. Ils ont une brosse qu'ils nomment le *pinceau à la colle*. Son manche est ordinairement de 9 à 10 pouces de longueur, le volume par le bas d'environ 6 pouces de circonférence, formé de poils de sanglier de 5 pouces de longueur, bien ficelés et arrêtés autour du manche. Nous en avons donné la figure n°. 10. C'est avec le bout de ce pinceau qu'ils prennent de la colle, qu'ils ont à cet effet versée dans un petit seau dit *seau à la colle* (fig. 14), du volume à peu près d'un baril d'anchois, auquel ils ajoutent une anse de gros fil de fer, qui leur sert pour le transporter d'un lieu à l'autre. Ils étendent de cette colle sur l'ais, assez pour retenir les bandes de papier, lorsqu'ils les y arrangent l'une contre l'autre.

Alors ils prennent de nouveau de la colle au bout du pinceau, et en même tems qu'ils l'étendent de la main droite vers l'extrémité des bandes, ils en retiennent l'autre extrémité avec la paume de la main gauche, jusqu'à ce qu'ils y aient aussi passé le pinceau, pour ensuite le ramener vers le milieu, et le promener au long des bandes, jusqu'à ce qu'elles soient suffisamment et également imbibées de colle, observant de passer moins souvent le pinceau sur le papier lorsqu'il est plus tendre.

Les bandes de papier étant ainsi collées sur l'ais, le vitrier les enlève l'une après l'autre, en les prenant par l'extrémité qui est à sa gauche; il en laisse couler la plus grande partie, dans le creux de la main gauche, et commençant par le bas du châssis qu'il a disposé à cet effet sur la table, tenant de la main droite l'autre extrémité de la bande, après l'avoir appliquée sur l'angle de la feuillure, il la conduit en ligne droite au long du carreau avec le bout des doigts, de manière que le bord de la bande appliquée, ne paraisse pas excéder par dedans le bord de la feuillure; ensuite, rompant la bande vis-à-vis ce qui lui en reste dans la main gauche, il s'en sert pour continuer la largeur du carreau qui est sur la même ligne, ou pour la première hauteur, si elle se trouve assez longue pour en faire l'équerre : ainsi continue-t-il de bandes en bandes, de manière que le haut recouvre le bas, ce qu'on appelle *coller en tuile*. Il faut encore que le vitrier observe de bien appliquer la bande dans les angles des feuillures, autour des pointes pour l'empêcher de se lever, ce qui occasionerait des sifflets insupportables à l'oreille, lorsque le vent viendrait à s'y loger.

Comme il reste assez ordinairement quelques bouts de bandes, on les réserve pour réunir sur la plinthe les quatre extrémités des bandes, en les y appliquant en lozange. Un des soins particuliers du vitrier, doit être de ne point tacher les carreaux de colle, soit en la faisant baver au long de la bande, ce qui arrive quand on en met trop sur le papier ; soit en laissant échapper sur le carreau le bout de cette même bande. Enfin, les bandes de papier qui sont collées sur les bords du châssis en dehors, doivent être appliquées sur une même ligne, et les quatres coins bien carrés, sans qu'aucun bout de bande excède l'autre.

Quand on veut avoir un ouvrage propre et solide, après que le papier collé est bien sec, on est dans l'usage de passer par dessus une ou deux couches de blanc à l'huile.

Du Vitrage à Panneaux de verre fixés au Mastic.

Le mastic dont nous avons occasion de parler ici, et qui sert à retenir les carreaux de verre en feuillure et à défendre les appartemens des injures de l'air d'une manière plus solide, plus close et plus sourde que les bandes de papier collé, nous a été appris par les Anglais, que leur position insulaire, rend plus que nous, sujets aux inconvéniens de l'humidité et des brouillards. Les premières compositions qu'ils en firent, étaient un mélange assorti de gros-blanc (craie préparée) écrasé et tamisé, de blanc de céruse, de minium et de litharge, qu'ils pétrissaient avec de l'huile de noix ou de lin, rendue siccative par la litharge. On sent aisément combien ce mastic était prompt à durcir à l'air, et combien il devenait fragile, en même tems que son trop prompt retrait fatiguait le verre, qu'il faisait souvent éclater, surtout dans les grands froids. On a remédié à cet inconvient, en composant un mastic moins sujet à durcir, et parconséquent moins difficile à relever de dessus les feuillures dans le cas de renouvellement du vitrage. On prépare ce mastic avec le blanc dit d'Espagne (craie de Meudon ou blanc de Bougival); on l'écrase et on le passe au tamis de toile de crin ordinaire. On le délaie ensuite avec de l'huile de lin moyennement siccative. On peut cépendant, pour lui donner la consistance convenable, y mêler un peu de blanc de céruse, dans la proportion du dixième au cinquième du poids du blanc d'Espagne. On pétrit le tout ensemble avec le moins d'huile possible, et c'est à force de battage long-tems continué avec une espèce de masse ou fléau, sur une aire pavée ou sur un billot de bois dur, que l'on parvient à donner à ce mastic l'homogénéité et le liant convenables pour l'emploi. Il faut qu'il arrive à la consistance de la pâte de boulangerie. Si l'on veut le tenir moins ferme, et empêcher qu'il ne durcisse si tôt, on peut y employer par préférence l'huile d'œillette ou de semences de pavots, qui est plus onctueuse.

L'avantage de l'usage de plus en plus fréquent de nos jours de mastiquer les croisées plutôt que de les coller, consiste en ce que les carreaux mieux enfermés ne sont pas si sujets à se casser que ceux qui ne sont que collés, et que le vent ébranle bien plus facilement lorsque les pluies ont ôté au papier la glutinosité de la colle; lors même qu'il y a des carreaux mastiqués qui se sont fêlés, ils restent encore solidement joints.

Pour mastiquer les croisées, il faut que les châssis soient peints jusqu'au fond des feuillures, au moins en première couche, ou encore qu'on les ait frottés avec de l'huile siccative, afin que le mastic y soit plus adhérent et moins sujet à s'écailler ou à relever. Alors, l'ouvrier tenant dans sa main gauche une certaine quantité de mastic, qu'il a assez manié pour l'amollir, en prend de la droite, au bout d'un couteau dit *à racoutrer* que nous donnons ici, fig. 25 (c'est un outil qui a la forme d'un couteau de table dont la lame serait courte avec une pointe un peu obtuse). Pour former une bande, on commence par parties, depuis un angle de la feuillure jusqu'à l'autre, et en ramenant la pointe obtuse de ce côté à sens et à contre-sens, pour la presser contre la feuillure, et ainsi de bandes, en observant de former dans chaque angle une espèce de plan incliné qui donne de la grâce à l'ouvrage, et observant surtout de tenir la bande de mastic assez étroite pour qu'elle ne paraisse pas déborder la feuillure par-dedans.

Quand un châssis est mastiqué en entier, ce qui ne peut que rarement s'achever sans tacher un peu les carreaux, on répand légèrement sur chacun d'eux un peu de blanc en poudre, que l'on ressuie aussi légèrement avec une brosse dont les soies ou poils soient longs et plus doux que ceux des brosses ordinaires, et, par ce moyen, on enlève les taches. Il y a des ouvriers qui mastiquent si habilement, qu'ils égalent en vitesse ceux qui collent le mieux; mais cela est très-rare.

Il est d'usage, et cela est même avantageux pour le mastic, de ne passer la seconde couche en huile sur le châssis du côté des feuillures qu'après que les carreaux ont été mastiqués, cette couche formant sur le mastic une croûte qui le conserve.

De la Vitrerie en Feuillets assemblés par Châssis de plomb.

Les travaux de vitrerie que nous avons décrits jusqu'ici sont les moindres et les plus faciles de l'art, quoique les plus généralement pratiqués aujourd'hui; ce n'en est, en quelque sorte, que le métier. Mais les assemblages en plomb de vitraux à compartimens et colorés, ainsi que la façon de certaines lanternes, des cloches à melons, des cages de pendules, etc., etc., constituent un art véritable, soumis à des règles dont la stricte observance et la pratique adroite et délicate indiquent de la méthode et de l'habileté dans l'ouvrier.

Ces travaux plus difficiles étaient anciennement beaucoup plus recherchés qu'ils ne le sont aujourd'hui. Cependant, depuis la restauration du culte catholique et les soins qu'on apporte à la décoration des églises et à la réparation de leurs anciens vitraux, l'art semble renaître, et ces circonstances nous imposent l'obligation de parler au moins succinctement de ses procédés.

Ainsi que nous l'avons fait pour la vitrerie commune à grands carreaux de verre, nous commencerons par la description des outils.

Le premier et le plus capital est malheureusement trop considérable et trop compliqué pour qu'il nous ait été possible d'en donner les figures : c'est le *tire-plomb*. Mais, comme ces sortes d'instrumens, assez chers, se trouvent chez les fabricans de mécaniques en fer sous les dénominations de tire-plomb français et tire-plomb d'*Allemagne*, où on peut se les procurer à beaucoup meilleures conditions qu'on ne pourrait soi-même les faire établir, le défaut de figures pour leur description devient un inconvénient beaucoup moins grand. Il suffira que l'usage de l'instrument soit exactement indiqué.

Poêle à mettre le feu pour chauffer le fer à souder, *fig.* 20.

Fer à souder, fig. 4. C'est un fer rond, pointu ; il a la forme d'un cul d'œuf ; sa queue doit être plus longue qu'au fer du plombier. Pour faire ces sortes de *fers*, le forgeron prend une barre de fer, ensuite une virole qu'il soude au bout de la barre, ce qui forme la tête du fer ; il répare, lime et dresse.

Autre *fer à souder*, fig. 6.

Gouge ou *fermoir*, fig. 10.

Bourasseau pour mettre le borax, *fig.* 17.

Main ou *clé de la filière*, *fig.* 7. C'est une espèce de manivelle dans le tire-plomb ou rouet à filer le plomb, ou un manche qui, en faisant tourner l'arbre de dessous, fait aussi tourner celui de dessus par le moyen de son pignon.

Tasseau de plomb pour redresser les joints. *fig.* 19.

Tringlette à unir le plomb, *fig.* 18. C'est un outil de fer en forme de petit couteau émoussé, dont les vitriers se servent pour ouvrir leur plomb. Le plus souvent même ce sont des morceaux d'ivoire, d'os ou de buis, de 4 ou 5 pouces de long, plats et arrondis par le bout.

Le *tire-plomb*, ou *rouet à filer le plomb*, en termes de vitrerie, est une machine ordinairement composée de 2 *jumelles* ou *plaques* de fer, jointes et assemblées avec des *étoquiaux* qui se montent avec des écrous et des vis, ou avec des clavettes; de 2 essieux ou arbres, à un bout desquels sont 2 *pignons;* et de 2 petites *roues* d'acier, au travers desquelles passent les arbres. Ces roues n'ont d'épaisseur que celle qu'on veut donner à la fente des lingots de plomb, et sont aussi près l'une de l'autre qu'on veut que le cœur ou entre-deux du plomb ait d'épaisseur; elles sont entre deux *bajoues* ou *coussinets* d'acier. Il y a une manivelle qui, faisant tourner l'arbre de dessous, fait aussi, par le moyen de son pignon, tourner celui de dessus, et le plomb qui passe entre les *bajoues*, étant pressé par les roues, s'aplatit des deux côtés, et forme des ailerons en même tems que les mêmes roues le fendent. Cet instrument a de nombreux rapports avec le laminoir ordinaire.

Il y a de ces machines qui ont 4 essieux et 3 roues pour tirer deux plombs à la fois. Dans tous les cas, il faut que les roues et les arbres soient arrondis sur le tour.

Anciennement l'on n'avait pas de ces machines pour fendre le plomb; elles sont d'invention nouvelle. On se servait alors péniblement et longuement d'un rabot ou bouvet pour le creuser.

Du Choix des Matériaux.

Le plomb que le vitrier destine à joindre ses pièces de verre taillées dans l'ordre que demandent les différentes façons de vitres, ne doit être ni trop aigre, ni trop doux. Trop aigre, il est plus sujet à avancer la ruine des rouets ou tire-plombs; à se casser, non-seulement lorsqu'on le tire pour l'employer, mais même après l'emploi, au collet de la soudure. Trop doux, ou il se plisse en s'allongeant dans les tire-plombs, ou il se coupe en passant entre les coussinets qu'il engorge, à moins qu'on n'ait soin d'en retirer de tems en tems les bavures qui s'y amassent, ce qui s'exécute en faisant mouvoir les pignons à rebours, ou bien le plomb se chiffonne en l'employant.

Pour la fonte du plomb, on se sert d'une marmite de fonte de fer plus ou moins grande, suivant les fontes que le vitrier est dans l'habitude de faire. On entoure ordinairement le trépied sur lequel est posée la marmite, de gros pavés de grès, qui maintiennent la chaleur.

Le bois qu'on emploie doit être sec, et de nature à donner plus de flamme que de braise. On remplit continuellement la marmite, au fur et à mesure que le premier plomb qu'on y a mis est fondu. Lorsque la marmite est pleine de plomb parfaitement liquide à deux ou trois pouces du bord, on agite avec une bûche de moyenne grosseur les cendrées, la crasse et le sable qui surmontent le plomb fondu. Ensuite on jette sur ces crasses, petit à petit, des morceaux de vieux suif qui venant à se fondre sur elles, prennent aisément feu et les réduisent en plomb métallique.

On écume ensuite tout ce qui n'a pas été réduit à la surface du bain de plomb, qui est alors bien découvert et bien net. On se met alors en devoir de verser dans les moules destinés à cette opération.

Ces moules, qui se nomment *lingotières,* sont composés de deux bandes de fer plat, de 18 à 20 lignes de large, environ 6 lignes d'épaisseur, sur 16 à 18 pouces de longueur. Avant d'être façonnées, ces deux bandes de fer s'enclavent vers le bas, entrent l'une dans l'autre; percées vis-à-vis l'une de l'autre, elles se joignent ensemble par une rivure qui les traverse et en fait une charnière qui les fait mouvoir en rond sans se séparer, et tourner sur un même centre. Chacune de ces bandes de fer opposées entre elles doit être estampée sur la largeur en trois creux de la forme des trois lingots, dont chaque bande doit former la moitié, suivant l'épaisseur que l'on veut donner aux ailerons de chaque côté du lingot; l'espace qui, dans le milieu de chaque creux, sépare les ailerons restant plein, sur environ une ligne de face. Ces deux bandes de fer ainsi creusées et refouillées par la lime, serrées l'une contre l'autre, forment en remplissant leurs creux de plomb fondu, les trois lingots entiers, dont les ailerons sont pleins, et le milieu creux sur l'un et l'autre sens, en y conservant néanmoins une certaine épaisseur qui reste solide, pour en former, lorsque le lingot passera au rouet ou tire-plomb, ce qu'on appelle *le cœur de la verge* de plomb tirée, comme le vide avec ses ailerons de chaque côté dessus et dessous doit y former la chambrée de la dite verge de plomb, dans laquelle seront logées les épaisseurs du verre qu'elle doit servir à joindre.

C'est principalement de la fermeté du poignet de celui qui remplit le moule ou lingotière, que dépend la perfection des lingots. Plus la lingotière est juste et solidement fermée vers sa charnière, plus la partie d'en haut s'ouvre facilement, comme par une espèce de ressort, lorsque, cessant d'appuyer sur le manche, on lâche la bride, et séparant les deux parties, on glisse le couteau d'un des deux côtés du manche pour détacher les lingots de leurs creux, et les en retirer.

Une lingotière donne trois lingots, dont l'un est séparé de l'autre par un plein d'une ligne et demie de face ou environ entre chaque creux.

Si les deux parties de la lingotière n'ont pas été assez serrées l'une contre l'autre, le plomb qui s'extravase du creux des lingots, lorsqu'on emplit la lingotière, formera de fortes bavures que l'on est obligé d'enlever avant que d'en faire passer les lingots au tire-plomb, et qui se doivent enlever, mais avec d'autant plus de peine qu'elles sont plus épaisses. Cette opération s'appelle *doter le plomb*. On se sert pour cela d'un couteau qui doit être très-peu tranchant.

Le plomb étant *doté*, on le serre, dans un coffre, le plus à l'abri de la poussière qu'il est possible.

Les bornes de cet ouvrage ne nous permettent pas de décrire le travail du tirage du plomb au *rouet*, et nous nous en abstenons avec d'autant moins de regret, que cette opération n'est pas essentiellement du ressort du vitrier, qui souvent, pour ses assemblages, se procure le plomb tout filé, qui lui est livré dans des ateliers spécialement destinés au tirage.

Des Matériaux de la Soudure.

Les vitriers prennent pour la soudure, une certaine quantité des nœuds de recoupage des plombs de lingotière dont nous avons parlé plus haut; ils y ajoutent un poids égal du meilleur étain fin, qu'ils mettent sur le feu dans une petite marmite de fonte, jusqu'à ce que le tout soit fondu et mélangé: ils ont soin alors de faire brûler dessus un peu de poix-résine qu'ils jettent dans la marmite, et qui y prend promptement feu : cela a pour objet de désoxider le métal qui monte en crasse à la surface du bain. Ils enlèvent avec une écumoire ce qui reste d'infondu sur le bain, et qui est en grande partie composé de sable et de terre. Quand ils voient le bain métallique bien clair et bien net, ils coulent la soudure sur l'instrument appelé *ais à la soudure*.

C'est une planche de 3 pieds au moins de long, sur 9 à 10 pouces de large. On choisit par préférence, une planche de bois de poirier ou de hêtre, comme moins sujette à se gercer par la chaleur. Cet ais est feuillé en 8 espaces de 5 lignes de face chacun sur 3 lignes de profondeur, ayant en tête un demi-cercle plus large que le reste du feuillet, dans lequel on verse la soudure fondue. On tient cet ais posé sur ses genoux. On verse la soudure que l'on a prise dans la marmite, avec une cuillère de fer à bec, dans les enfonçures arrondies qui sont à la tête de chaque feuillet. On en remplit trois au plus à la fois de soudure; puis élevant un peu l'ais du genou gauche, on porte promptement la cuillère vers l'extrémité des trois feuillets. pour y recevoir ce qui se trouve de trop de soudure fondue après, ce qui a suffi pour en former trois branches, en s'arrêtant dans le feuillet où elle se refroidit; et ainsi de feuillet en feuillet jusqu'à la fin. Plus la soudure est coulée chaude, moins elle s'étale dans le feuillet, et moins la branche est large. Une branche de soudure bien jetée ne doit avoir au plus que trois lignes de large, et l'épaisseur d'une pièce de six liards.

Des Dimensions convenables pour le Plomb à œuvrer.

Sur un même tire-plomb de France ou d'Allemagne, on peut, selon la manœuvre qu'on adopte et l'écartement plus ou moins grand des pièces de la machine, tirer des *verges* de plomb de différentes faces, depuis deux jusqu'à six lignes de plomb.

Le plomb de deux lignes ne s'emploie guère que pour les chefs-d'œuvre, et il en prend le nom; dans ces sortes d'ouvrages, un plomb trop large masquerait la délicatesse des entrelacs, et la juste précision de la *groisure* des bords du verre. Le plomb de deux lignes peut aussi servir à joindre dans les vitres peintes, lorsqu'on les rétablit en plomb neuf, certaines pièces fêlées qui ne sont pas trop de remarque. Mais dans les têtes de figures, il serait peut-être plus à propos et moins dissonnant de réunir les morceaux à la colle de poisson fondue dans l'eau-de-vie et appliquée à chaud sur l'épaisseur des morceaux désunis.

Le plomb de trois lignes de face s'employait autrefois très-fréquemment ; il est aujourd'hui peu en usage.

Le plomb de 4 à 5 lignes de face, s'emploie plus ordinairement dans les façons de vitres dites *lozanges* ou *bornes couchées*, peu usitées ailleurs que dans les églises ou dans les salles des hôpitaux, ou autres lieux publics, où les grands carreaux, par la quantité qui pourrait s'en casser, deviendraient d'une trop grande dépense. On appelle aussi cette dimension, *plomb à pièces carrées*, parce qu'on l'emploie par préférence dans cette façon de vitres, où les pièces, devenant tous les jours plus étendues et par conséquent plus sujettes au *gauchis*, ont besoin d'une enchâssure plus large. On ne se sert guère du plomb de six lignes que pour les lanternes de verre, ou pour les cloches sur les couches des jardins.

Ce n'est pas toujours au surplus de la largeur de la face d'une verge de plomb que dépend la solidité des vitres. Un bon plomb est celui qui ayant une bonne ligne de cœur (espace compris entre les ailes de la face totale) est fortifié vers le milieu dans ses ailes en s'amincissant vers leurs bords, pour donner la facilité convenable pour les relever lorsqu'il s'agit d'insérer de nouvelles pièces à la place de celles qui cassent. Cette espèce de plomb, surtout lorsqu'il est un peu arrondi sur le milieu de sa surface, est d'un très-bon usage pour la jointure des vitres peintes, où le verre plus épais a aussi besoin d'une plus haute chambrée, ainsi que d'une plus forte épaisseur dans le cœur de la verge, à cause de sa pesanteur. On lui donne cette rondeur en enfonçant un peu en creux le milieu de la côte des coussinets du tire-plomb. Un plomb trop large dans la jointure des vitres peintes, en rend au surplus les contours plus pesans et moins gracieux.

Le plomb de jointure ne doit presque point avoir d'ourlet sur le bord des ailes; car alors, n'étant pas sujet à se plisser, il prend mieux la forme des contours qu'il enchâsse, et leur donne plus de solidité par son adhésion. Un plomb plus étroit assujétit le vitrier à maintenir un panneau de jointure de vitres peintes dans sa première forme, lorsqu'il le remet en plomb neuf; car pour peu qu'il altère avec le *gresoir* la première ordonnance des pièces, lorsque le tout a été bien mis ensemble dès la première fois, un plomb étroit décélera bientôt la faute de l'ouvrier, en laissant apercevoir du jour en certains endroits.

De la Mise en œuvre des Verges de plomb pour Vitres.

Les outils propres à employer les verges de plomb tourné ou tiré pour en faire des vitres, sont la *table*, l'*équerre en biseau*, la *tringlette*, le *couteau à mettre en plomb*, la *boîte à résine* et l'*étamoir*, le *fer à souder* et les *moufflettes.*

La *Table* n'exige pas de description particulière. La meilleure est une table solide, en chêne, bien dressée et portée sur des pieds à la hauteur exigée par la taille de l'ouvrier qui y travaille. Il est commode d'y pratiquer plusieurs tiroirs pour serrer les outils.

L'*Équerre* a déjà été décrite dans la

section du vitrage à châssis de bois, *fig.* 8.

Les vitriers nomment *Tringlette*, fig. 16, un morceau d'ivoire ou d'os de 5 à 6 pouces de long, et environ 20 lignes de face, dont les extrémités un peu arrondies, se terminent par une pointe obtuse, amincie vers les bords de chaque côté. On préfère ordinairement les tringlettes d'os à celles de fin ivoire, parce que les premières étant un peu cambrées vers le milieu, elles tiennent la main de l'ouvrier plus au-dessus de son ouvrage, et l'empêchent de ternir le plomb par le frottement du revers de sa main, qui en ôte tout le lustre et nuit aussi beaucoup à la soudure. Nous verrons dans la suite l'utilité de cet outil.

Le *Couteau à remettre le plomb*, fig. 25, doit être tranchant des deux côtés, mince sur ses bords, plus élevé et à côtes dans le milieu. Il doit être en forme de fer de pique, large dans son milieu d'environ deux pouces et demi, ayant dans cette partie, en dehors de chaque côté, un dos uni, de l'épaisseur d'une bonne ligne, sur lequel le second doigt puisse se reposer sans danger, en appuyant dessus pour couper le plomb. On l'emmanche assez ordinairement d'un morceau de buis de 3 à 4 pouces de longueur, et d'autant de circonférence, à pans, afin qu'il ait plus d'assiette sur la table. Ce manche est ordinairement garni, par le bas, à la hauteur d'un pouce et demi ou environ, d'une masse de plomb fondu.

Le *Couteau à racoutrer* est de la forme d'un couteau de table, dont la lame serait courte; sa pointe obtuse ressemble assez à celle de la tringlette, quoiqu'un peu plus étroite : il ne doit point être tranchant. Ce couteau sert à relever les ailes du plomb, et lorsque l'ouvrier veut fournir quelques pièces à la place de celles qui se seraient cassées. Alors, avant de contre-souder les panneaux, il se sert de ce couteau pour relever les ailes du plomb qui entoure la pièce cassée, et y insérer la pièce neuve; puis il s'en sert encore pour rabattre les bords du plomb qui entourent un panneau qu'on lève hors de son châssis pour le réparer, et pour en gratter les soudures cassées qui sont à refaire, et surtout à la place des liens ou attaches de plomb cassées, en place desquelles il en faut fournir de neuves.

La *Boîte à résine*, fig. 17. est une espèce de poivrière fermée dans le haut par un bouton mobile, percé d'un petit trou. C'est par ce trou que l'on fait sortir un peu de la poix-résine en poudre, que l'on a mise dans la boîte. On la répand par petits tas sur chacun des endroits du panneau où les bouts de plomb se joignent ensemble pour y être soudés. A cet effet, on frappe avec le manche du couteau à racoutrer, ou avec la tringlette, à petits coups sur cette boîte, en tenant du bout du doigt, à demi-bouché le trou par lequel la résine doit sortir, de peur qu'il ne s'en répande trop (ce qu'on appelle *battre la résine*), qu'on écrase ensuite sur place avec l'extrémité du second doigt, pour l'attacher plus fortement au plomb, où elle sert à accélérer la fusion de la soudure, en empêchant l'oxidation du métal.

Le *Fer à souder*, fig. 4 et 6, est formé par une tige de fer menue par le haut, un peu plus grosse vers le bas, mais grossie et recouverte par une masse de fer bien réunie et pétrie au feu avec cette tige, de la grosseur d'un œuf de poule-d'inde, en pointe par le bout. Toute fissure, paille ou gerçure qui pourrait s'y former, si le tout n'était pas bien refoulé, est nuisible, parce qu'elle ôte la chaleur du fer. On se sert pour tenir le fer quand il est chaud, de *moufflettes :* c'est ainsi que l'on nomme deux morceaux de bois arrondis, creusés l'un et l'autre en un canal demi-circulaire, qui embrasse le manche au-dessus de sa plus forte extrémité. C'est cette extrémité que l'on appelle la pomme. Cette pomme doit être limée avec le demi-carreau, principalement vers sa pointe.

L'*Étamoir* est un petit ais avec un manche pris dans le même morceau de bois et recouvert d'une tôle mince ou de fer-blanc, relevée sur les bords. On y fait fondre avec le fer à souder, quand on est prêt à s'en servir, un peu de soudure et de poix-résine : on y promène en tout sens, et à diverses reprises, la pointe du fer, qui, lorqu'il est à un degré de chaleur convenable, s'y étame, en se couvrant d'une lame de soudure qui, fondue, en rend la pointe blanche et luisante, et fait que cette soudure, se liant avec celle de la branche qu'il fera fondre sur le plomb, servira à l'attacher.

Mode d'Opérer, pour les Panneaux de Verre dits *en Plomb*.

Les plus anciennes pièces de vitrerie étaient la *pièce carrée* et la *losange*. Par la suite on en imagina d'autres, qui reçurent même des noms fort bizarres.

De toutes les façons de vitres, les plus solides sont celles où il entre le plus de croix de plomb, soit en sautoir, soit debout; parce que les quatre branches de plomb qui forment chaque croix, aboutissant l'une à l'autre, arrêtées et réunies par une soudure bien fondue et bien liante, ont toujours plus de force pour le maintien des vitres et pour leur plus grande stabilité, que les autres jointures de plomb, qui ne sont composées que de la réunion de deux ou trois bouts de plomb soudés ensemble.

Voilà comme on peut procéder à la

distribution des vitraux. On a une table de bois de chêne, ni trop dur, ni trop tendre. On imprime cette table d'une légère détrempe à la colle en blanc ; on trace en pierre noire dessus la hauteur et la largeur de chacun des panneaux qu'il faut exécuter : on déduit sur chacune de ces parties la superficie de la verge de plomb qui doit servir à encadrer les pièces de verre destinées à en former l'ensemble : sans cette précaution, que le vitrier appelle la *diminution du plomb*, le panneau deviendrait et trop haut et trop large. On distribue ensuite au compas cette hauteur et cette largeur, en autant de carrés parfaits ou oblongs, suivant la façon de vitres acceptée par le devis en nombres pairs, si la façon des vitres le demande, tel que dans le losange ou la borne couchée, etc., et en nombres impairs comme dans la borne en pièces carrées, etc.

Ces échiquiers (c'est ainsi qu'on nomme cette distribution tracée dans le carré du panneau par des lignes très-légèrement décrites perpendiculairement et horizontalement de chaque point de distribution parallèle) servent de guides lorsqu'il s'agit d'y figurer d'une manière véritable, les pièces qui doivent composer l'ensemble du panneau par leur rapport entre elles, suivant les sections que demande la façon des vitres. Ainsi le dessin entier du panneau de vitres tracé sur la table, sert de patron pour la coupe et la jointure des pièces qui doivent le composer.

C'est du moins l'usage suivi par les Allemands et les Flamands, même dans les façons de vitres qui ne sont assujéties à aucune figure circulaire; mais les Français emploient un moyen plus sûr et plus expéditif en même tems, qui consiste dans l'usage de calibres. Ils se contentent de tracer avec la pierre blanche sur leurs tables, qui n'ont d'autres couleurs que celle naturelle au bois, la hauteur et la largeur de leur panneau; ensuite ils s'assurent par le compas du nombre de carrés qui entreraient dans leur échiquier, s'ils le traçaient en entier, suivant la façon de vitres qu'ils doivent y exécuter; en observant néanmoins de diminuer la trace blanche de toute la hauteur et celle de la largeur, l'une et l'autre de deux ou trois lignes, pour l'épaisseur des cœurs du plomb qui doit les joindre, afin qu'il n'y ait rien à couper sur les bords, lorsqu'on en mettra l'ensemble en plomb. Ils portent ensuite sur une carte ou sur un carton mince et bien uni, autant de ces carrés qu'il en faut pour figurer la plus grande pièce qui entre dans ladite façon de vitres. Dans le carré que les différens petits carrés réunis leur donnent, ils arrêtent au trait noir par forme d'analyse toutes les différentes pièces dont l'assortiment entre dans l'ensemble proportionnel de ces vitres, soit pour les pièces entières, soit pour les demi-pièces, soit enfin pour les quarts de pièces qui doivent former le contour de chaque panneau, le commencer et le terminer.

C'est sur ce carré analytique, que les vitriers français appellent *calibre*, qu'ils coupent avec le plus de justesse qu'il leur est possible toutes les pièces de leurs panneaux qui, pour être réguliers, doivent former perpendiculairement et horizontalement un accord exact dans l'harmonie qui doit régner entre toutes les pièces du panneau et tous les plombs qui les joignent. C'est de ce calibre que sort comme de sa source dans les plus grands vitraux, une multitude de vitres toutes égales entre elles, et d'autant plus régulières que, supposant dans chacun des panneaux, une hauteur et une largeur égales, un seul panneau de vitres devient la règle de tous les autres, comme le calibre est devenu celle du panneau entier. L'ancien usage de blanchir les tables est même encore conservé en France dans l'exécution des pièces dites *chefs-d'œuvre*, qui sont composées d'entrelacs, dont les différens contours dans les passages d'une pièce à l'autre, forment des pièces de verre si différentes entre elles, qu'on ne peut les bien couper et les joindre en plomb qu'après les avoir signées sur la table sur laquelle elles ont été tracées.

En France, on se sert encore également de tables blanchies dans ce qu'on appelle des *vitres en diminution*. On donne ce nom aux panneaux de vitre qui, remplissant en partie un vitrail qui est circulaire dans son entier, ou seulement dans la partie cintrée d'un travail carré par le bas, font rayonner la façon de vitres en se raccourcissant et se rétrécissant par gradation vers le point de centre. Cette diminution est d'un effet très-agréable à la vue.

Prenons pour exemple d'une diminution bien simple, et qui peut s'exécuter dans les parties cintrées qui couronnent la partie carrée d'un vitrail; prenons, dis-je, la pièce carrée pour modèle de cette diminution. Distribuons la partie cintrée du vitrail en quatre sections ou panneaux égaux; divisons la plus grande demi-circulaire de chaque section en autant d'échiquiers ou d'espaces qu'en comporte chaque panneau carré dans sa largeur en nombre pair ou impair, ainsi que la susdite largeur le comporte; puis partageons chaque ligne droite ou diagonale de chaque section en autant d'espaces égaux; tirons ensuite du point du centre, à commencer par la rangée d'en haut, des demi-circulaires qui commencent et aboutissent à chacun des points marqués sur les lignes droites ou diagonales de chaque section, et ainsi de point en point nous arriverons à la dernière circulaire, que nous diviserons ensuite en autant d'espaces que la première; de là nous ferons passer sur les points marqués dans la grande circulaire d'en haut, et dans la plus petite vers le bas, qui se répondent, des lignes ou rayons qui fixeront l'étendue de chaque pièce, et conservant la même hauteur à chaque rangée de pièces, se retréciront seulement au fur et à mesure qu'elles avanceront vers le centre, dont le vide pourra être rempli comme la précédente diminution.

C'est là la manière la plus simple de rapporter sur la table la mesure du panneau que le vitrier se propose d'exécuter en plomb neuf; nous supposons, comme nous l'avons dit, ses pièces de verres taillées sur son calibre, et même, ce que nous n'avons pas encore dit, levées de rang de dessus la table où elles avaient été disposées suivant l'ordre qu'elles devaient tenir entre elles, en les joignant avec le plomb tourné quelques jours auparavant. Alors le vitrier formant au bout de chaque verge de plomb qu'il doit employer un anneau qu'il passe et arrête dans un gros clou à crochet, ou dans un petit gond placé à cet effet dans le voisinage de sa table, il la tire par l'autre extrémité, dont il se fait un autre anneau entre les doigts. Ce plomb ainsi étiré, s'allonge d'autant plus qu'il est plus vieux tourné; il se met au point où il doit être pour l'emploi, c'est-à-dire qu'il n'a ni rides, ni plis. Moins flexible qu'avant d'être étiré, il a acquis par-là une certaine raideur qui donne la facilité de le manier sans le chiffonner : alors l'ouvrier coupe les anneaux des extrémités, et il dispose les verges sur sa table, qu'il aura eu préalablement grand soin de brosser pour en chasser toutes les ordures et la poussière qui y auraient séjourné, et surtout sous l'équerre à biseau, par laquelle il va commencer son panneau.

Il prend alors une de ces verges de plomb placées devant lui, dont il destine une partie pour la largeur du panneau, l'autre pour la hauteur. Il l'entaille avec la pointe du couteau à remettre en plomb, mais sans la séparer à l'endroit de l'aile, dans laquelle l'équerre doit entrer; puis ouvrant cette aile avec la tringlette, dans la longueur de la verge de plomb où il la glisse légèrement, il la pousse d'abord vers l'angle de l'équerre, et tout de suite sur la hauteur et la largeur du panneau tracé sur la table; puis ouvrant avec le même outil, l'aile qui regarde l'ouvrage, il presse le cœur de la verge contre l'équerre, et arrête les deux extrémités de crainte qu'elles ne s'écartent. Alors il insère dans ladite verge de plomb, en commençant du côté de l'angle, la pièce de verre par laquelle le panneau doit commencer, et continue à agencer avec une autre verge de plomb qu'il coupe en autant de parties que le demandent les distances convenables, toutes les pièces qui sont destinées à le parfaire, en continuant d'en ouvrir les ailes avec la tringlette, et d'en entailler certaines parties où il convient, sans qu'elles se quittent, ou en les coupant tout-à-fait où il convient.

Il n'est pas possible de décrire ici toutes les différentes coupes de plomb que demandent les différentes façons de vitres. C'est une de ces choses que l'expérience seule peut indiquer, et que l'intelligence de l'ouvrier doit sentir en s'assujettissant à ne point s'enfermer, c'est-à-dire, en prenant la coupe qu'il aura suivie dans le commencement de son panneau pour règle de celle qu'il doit suivre, et en combinant le tour qu'il aura fait prendre à ses premières coupes, pour en conduire la suite jusqu'à la fin, de sorte que toutes les pièces puissent, sans se nuire entre elles, être jointes ensemble dans l'ordre où elles ont été levées de dessus la table.

Lorsqu'on joint les pièces de verre avec le plomb, on les chasse pour les serrer également contre le cœur du plomb, soit avec l'extrémité du manche du couteau, soit avec un bout de règle un peu épaisse, de manière que toutes les croix de plomb, lorsque la façon des vitres en comporte, soient régulières, et que chacune des branches de la croix se rapporte vis-à-vis celle qui lui répond.

Lorsque toutes les pièces qui doivent composer un panneau sont bien jointes entre elles par le plomb, et affleurent le trait du dehors du panneau qui en prescrit sur la table la hauteur et la largeur, on entoure l'équerre avec une verge de plomb, qu'on peut, pour mieux faire, serrer avec des tringles à biseau, comme celles de la première équerre, arrêtées par des liens avec des pointes de fer sur les bords. Cette opération sert à bien resserrer l'ensemble d'un panneau. Alors on rabat les ailes du plomb, en les couchant sur le verre avec l'extrémité de la tringlette, de sorte qu'une ne s'élève pas plus que l'autre, et que toutes les jonctions soient pressées si uniment, que la pointe de fer qui va les souder ne trouve rien qui l'arrête.

Avant de souder, on a soin de battre la résine sur tous les points de réunion des différentes coupes de plomb, de l'écraser, comme nous l'avons dit, et de souffler avec la bouche ce qu'il y en aurait de trop. Ce superflu, échauffé par la chaleur du fer, s'appliquant sur le plomb, pourrait le gâter, soit que l'ouvrier fût assez négligent pour l'y laisser, soit qu'il le grattât avec le bout de la tringlette pour l'enlever, ce qui raie le plomb autour de la soudure, et lui ôte son poli et l'ornement d'un panneau qui ne peut être fini trop proprement.

Pour bien souder, il ne faut point que le plomb ait été gâté par des mains grasses et sales, ni surtout qu'il ait contracté aucune humidité.

Ceux qui soudent le mieux sont ceux qui, tenant le fer à souder de la main droite, avec les moufflettes qui embrassent le bas de son manche, après en avoir essuyé légèrement la pointe avec un chiffon, l'élèvent perpendiculairement sur la place de la soudure que cette pointe laisse à découvert; alors le corps un peu incliné sur la droite, les yeux dirigés vers la pointe du fer, dont le manche doit être comme collé au coude, ils glissent adroitement sous cette pointe la branche de soudure qu'ils tiennent de la main gauche, n'en laissant fondre que ce qu'il faut pour faire une soudure ronde, qui, bien fondue, lie également tous les cœurs de plomb, en diminuant d'épaisseur vers l'extrémité des ailes.

Ce côté du panneau, par lequel on a commencé et fini l'ouvrage, et que l'on appelle du *soudé*, étant achevé, on le tire de l'équerre à biseau, on en rabat les bords avec la tringlette, on le brosse pour en enlever la poussière, ou la poudre de résine qui aurait pu y séjourner, et on le retourne de l'autre côté. On rabat les ailes du plomb avec la tringlette que l'on passe aussi sur toutes les jonctions des plombs. On bat la résine, on l'écrase, on la souffle, et on soude comme de l'autre côté, à la réserve qu'on n'en soude pas les bords, quoiqu'on ne les soude pas des deux cô és, les vitres n'en sont pas moins solides ; mais on obvie par-là à un inconvénient qui, lorsque les bords sont soudés des deux côtés, empêche qu'on n'en puisse rabattre les ailes si facilement dans la feuillure, ce qui occasione quelquefois la rupture des pièces du bord. On appelle ce côté d'un panneau le *contre-soudé*. C'est le plus ordinairement de ce côté que se soudent les *croix*, si la distribution du panneau le permet, et les attaches ou liens de plomb qui doivent embrasser les verges de fer destinées à les retenir en place.

CHAPITRE II.

Des divers ouvrages en Vitrerie, tels que Cloches pour couches, châssis, serres, lanternes, etc.

Nous donnons, *fig.* 22, la représentation d'une cloche de jardinage, et *fig.* 23, celle d'un très-petit châssis portatif pour abriter les plantes exotiques et délicates. Nous n'avons rien à dire de particulier sur cette espèce de vitrage, dont l'agencement ne diffère en rien des travaux que nous avons décrits précédemment; mais nous appellerons l'attention sur un vitrage par *imbrication* ou recouvrement, dont on peut voir la représentation *fig* 21. Le châssis de serre qu'offre cette figure n'a point de petits bois horizontaux. Le vitrage porte de haut en bas sur les feuillures pratiquées tant sur les montans principaux que sur les petits bois verticaux. Chaque carreau de vitre s'appuie en recouvrement sur le carreau qui le suit immédiatement en descendant. Le recouvrement a été mal rendu par le dessinateur sur cette figure; il l'a représenté tel qu'il semblerait que l'arc de cercle par lequel est terminée l'extrémité inférieure de chaque carreau, viendrait mourir à droite et à gauche, précisément sur le bord supérieur du carreau placé au-dessous, disposition vicieuse qui ne procurerait qu'une clôture imparfaite, et qui ne préviendrait pas l'infiltration qu'on veut éviter des eaux pluviales dans la serre; mais en réalité il n'en est pas ainsi : le carreau de dessous, sur lequel s'appuie l'extrémité en recouvrement du carreau supérieur, pénètre d'environ 30 lignes sous celui-ci, et du sommet de la courbe marquée sur la figure jusqu'à la corde qui sous-tend l'arc de cercle, il n'y a guère que 24 lignes; en sorte qu'aux extrémités de droite et de gauche, le carreau inférieur est encore recouvert d'un demi-pouce, ce qui suffit pour garantir le vitrage du fouet du vent qui chasse la pluie dans la serre. La courbe figurée pour ce recouvrement, à cause de la grâce qu'elle donne au vitrage, pourrait sans aucun inconvénient, et même avec plus d'effet utile, et beaucoup plus de facilité pour la coupe du verre, être remplacée par la convergence de deux lignes droites qui se réuniraient au sommet et au milieu du carreau.

Dimensions les plus ordinaires des Carreaux de verres à vitres.

3 feuilles de 30 pouces sur 25 pouces et demi, font deux paquets.

1 feuille de 36 pouces sur 30 pouces, fait deux paquets.

1 feuille de 33 pouces sur 29 pouces, fait un paquet et demi.

1 feuille de 32 pouces sur 27 pouces, fait un paquet.

2 feuilles de 29 pouces sur 23 pouces, font un paquet.

3 feuilles de 28 pouces sur 21 pouces, font un paquet.

4 feuilles de 26 pouces sur 19 pouces, font un paquet.

5 feuilles de 24 pouces sur 18 pouces, font un paquet.

6 feuilles de 23 pouces sur 17 pouces, font un paquet.

7 feuilles de 22 pouces sur 16 pouces, font un paquet.

8 feuilles de 19 pouces sur 15 pouces, font un paquet.

10 feuilles de 18 pouces sur 12 pouces, font un paquet.

12 feuilles de 16 pouces sur 12 pouces, font un paquet.

14 feuilles de 14 pouces sur 11 pouces et demi, font un paquet.

16 feuilles de 14 pouces sur 10 pouces, font un paquet.

De quelques Usages particuliers dans la Vitrerie.

Les fournitures de carreaux de verre à vitre se payent selon leur grandeur, et se mesurent au pied superficiel de 144 pouces; et quoiqu'il n'y ait guère de profession plus susceptible que la vitrerie de quelques concessions d'usage, à cause des risques résultans de la fragilité de la matière sur laquelle elle s'exerce, il n'y en a pas dont le toisé soit plus scrupuleusement réduit : ses plus petites fractions y sont soigneusement multipliées l'une par l'autre aussi strictement que dans la dorure.

On connaît cependant trois usages de concession que la plupart des architectes qui ont écrit sur cette partie de leur art accordent au vitrier ; tel est, 1° celui de porter à un plus haut prix que le prix courant, tout carreau de verre dont la superficie excède un pied en carré ; 2° de toiser un carreau circulaire comme carré dans sa superficie, en multipliant sa plus grande hauteur par sa plus grande largeur ; 3° dans les impostes en éventail, qui dominent sur les croisées neuves, ils prennent le *dans-œuvre* de toute l'imposte, c'est-à-dire, son diamètre et son demi-diamètre, et multiplient l'un par l'autre et le produit est le nombre de pouces carrés, pour quoi doit être comptée l'imposte entière, que l'on réduit ensuite en pieds carrés, sans rien rabattre, ni pour l'étendue du vide du circulaire, ni pour les petits bois; et cela à cause des pertes, déchet, casse et sujétion de la coupe du verre.

CHAPITRE III.

De l'Encadrement des Estampes.

C'EST un talent plus difficile qu'on ne le croit communément, et très-précieux, que de savoir bien monter une estampe. Cet ouvrage demande, de la part du vitrier qui s'en occupe, beaucoup de goût, d'attention et de propreté; de goût, pour savoir dissimuler à propos ces points, ces petites bulles ou ces filandres, dites fils, qui se rencontrent en nombre plus ou moins grand, même dans les plus beaux verres blancs. Il faut qu'il dispose son carreau, autant que possible, ensorte que ces défectuosités portent plutôt sur les blancs de l'estampe que sur les parties couvertes, principalement des traits de figures ou autres objets essentiels du dessin ; — d'attention, pour effacer les plis d'une estampe ployée mal-à-propos par des personnes peu intelligentes, pour en coller avec égalité les bords, seulement sur le revers du carton qui soutient l'estampe, en ne laissant ni trop, ni trop peu de blanc à la marge : conservant à l'estampe assez de jeu pour qu'elle ne soit pas trop resserrée dans sa feuillure, ce qui occasione des plis et des rides qui la défigurent ; — de la propreté, afin de ne pas appliquer les doigts sales sur l'estampe, et de ne pas gâter ou écorcher l'or des cadres dans lesquels il faut la monter. Aussi voyons-nous que ceux d'entre les vitriers qui font de cet ouvrage leur plus familière occupation, ne cultivent pas beaucoup les autres parties de la vitrerie.

Après avoir laissé à l'estampe une marge suffisante, on replie le reste de la marge et on mouille légèrement avec une éponge, l'estampe à l'envers, pour la coller et la tendre sur un carton : on colle seulement la portion de marge repliée, afin que la totalité du papier que le verre doit recouvrir soit bien tendue.

A quelques estampes coloriées on ne laisse aucune marge dans l'encadrure ; mais en général on conserve ce qu'on appelle *la belle marge*, à toutes les estampes noires.

On présente le carton au cadre avant que l'estampe y soit tendue, afin de le choisir de la grandeur convenable, et on coupe le verre toujours d'après les dimensions du carton, que l'on ajuste sur la feuillure en l'y fixant, par une petite pointe, à chaque coin du cadre ; puis on colle une bande de papier très-étroite, qui recouvre la feuillure et la partie du verre qui s'y trouve engagée ; ce papier sert à empêcher la poussière et la fumée de pénétrer entre le verre et la feuillure, et d'altérer le papier de l'estampe. Cela fait, et après que le tout est bien sec, ce qui est extrêmement essentiel, on pose le carton sur lequel l'estampe est tendue, et on le fixe dans la feuillure par une pointe à chaque coin, une ou deux sur la longueur et autant sur la largeur ; puis on scelle le tout avec des bandes de papier qui se collent, moitié sur le revers du cadre, moitié sur les bords du carton, ce qui achève d'enfermer hermétiquement l'estampe.

Le carton doit être assez fort et lissé. On doit faire ensorte que le carton et le verre remplissent, par leur épaisseur, si exactement la feuillure, que les bords du cadre soient de niveau avec la surface du carton.

Il faut ensuite chercher par tâtonnement le centre de gravité du cadre, pour y fixer l'anneau qui doit le suspendre; car à cause d'inégalité dans le bois, et surtout dans le verre, il serait possible que ce centre ne fût pas exactement donné par le compas, ne se trouvant pas au milieu du prolongement du cadre.

Des moyens de démastiquer les vieux panneaux de vitrage sans briser les carreaux.

Faites chauffer presque jusqu'à l'ébullition, un mélange d'huile de lin crue, avec moitié de son poids d'essence de terébenthine, et à l'aide d'une petite éponge fixée à un bâtonnet, que vous plongerez dans cette huile chaude, imbibez à plusieurs reprises toutes les bandes mastiquées. Après quoi, et avant que le mastic n'ait de nouveau séché, imbibez-le à chaud d'une forte lessive de soude caustique. Essayez alors ce que vous en pourrez enlever sans beaucoup d'efforts.

A ces imprégnations, faites succéder un acide un peu concentré, l'acide muriatique du commerce de préférence. Le mastic ne résistera pas à ces attaques successives, que vous pourrez cependant renouveller, s'il est nécessaire. Quand le mastic sera enlevé et les carreaux détachés, lavez à grand eau les feüillures des châssis en bois, qui sans cette précaution pourraient être déteriorées par l'alcali et l'acide.

Quelquefois il suffit de l'imprégnation d'huile chaude et d'essence, pour détacher tout le mastic; quand il résiste, la lessive caustique qu'on emploie après l'huile, est pour saponifier celle du mastic qui s'est durcie; et enfin l'acide s'empare de la craie qui fait partie du mastic, et la dissout.

NOTA.

Si ce petit Traité n'était destiné qu'aux habitans de Paris et des grandes villes, où les propriétaires trouvent facilement toutes les ressources qu'offre une réunion d'ouvriers en tous genres, nous bornerions ici ce que nous avions à dire de l'art du Vitrier proprement dit : mais comme l'un des objets principaux de l'*Encyclopédie populaire*, telle que le plan en a été conçu, est de porter jusque sur les points les plus isolés du Royaume et dans le fond des campagnes, les notions utiles, nous avons pensé qu'un court Appendice ne serait pas déplacé, dans lequel nous passerions en revue diverses espèces de constructions pour lesquelles, au défaut d'ouvriers d'un autre genre, un vitrier pourait être appelé soit à donner son avis pour les parties correspondantes à ses travaux ordinaires, ou bien à surveiller l'exécution de quelques objets qui sembleraient au premier abord y être plus ou moins étrangers.

APPENDICE.

Des Châssis métalliques pour Vitrage.

Un des objets modernes de notre industrie qui méritent le plus d'éloges, à cause d'une utilité incontestable et sous le rapport d'une économie évidente, sauf cependant l'inconvénient des premiers frais, c'est assurément la façon des châssis métalliques destinés à remplacer ce qu'on appelle le *Petit-Bois* dans dans la construction des croisées et vitraux. Ce procédé est spécialement utile pour le vitrage des serres et de tous les *jours* qui, placés dans une situation horizontale ou qui s'en rapprochent plus ou moins, sur la toiture des édifices, ne peuvent admettre l'emploi du bois pour les châssis qu'au risque de les voir se pourrir assez promptement malgré la précaution du peinturage le mieux fait; ce qui est dû au concours répété des eaux pluviales dans les cases des châssis qui ont peu d'inclinaison, suivi de l'action des rayons du soleil.

Nous voulons parler ici de ces *petits-bois* métalliques pratiqués très-économiquement et avec beaucoup de régularité, à l'aide d'une espèce de banc à tirer ou de rouet analogue à celui dont nous avons fait mention à l'article de la Vitrerie en verges de plomb. Ces verges sont faites soit en cuivre, soit en fer très-doux, ou même en zinc, qui a été essayé dans ces derniers tems avec quelque succès. Les instrumens et les procédés de cette utile fabrication exigent un moteur trop puissant et une mise de fonds trop considérable pour qu'il soit utile de les décrire ici, puisqu'aucun vitrier dans sa pratique ne sera tenté de l'exécution par lui-même: nous nous bornerons à parler des établissemens formés pour cette fabrication.

Mais au défaut de ces *petits-bois* en verges métalliques tirées, il est encore beaucoup de circonstances où il pourra sembler avantageux d'y suppléer par un bâtis fait par les procédés ordinaires de la serrurerie; et nous aurons quelques observations à offrir à cet égard aux personnes qui, éloignées d'un bon serrurier voudraient néanmoins faire confectionner de ces châssis.

Il y a d'abord, pour les vitres qui ne sont pas d'une grande étendue, et qui doivent être posées à plat ou obliquement pour les *jours* des toits, un moyen simple à employer, et qui n'exclut pas la solidité, c'est de vitrer à verges de plomb tiré, comme nous l'avons indiqué à son article, et de poser le châssis ainsi confectionné dans le *jour* préalablement garni d'un bâtis en fer à branches plus ou moins rapprochées entre elles, et destinées à soutenir le vitrage, à empêcher les plombs de casser ou de fléchir par leur poids et celui des carreaux de verre, et à faire résister davantage ceux-ci aux effets de la grêle. Dans les pays où la fréquence de ce fléau rend les serres sujettes à beaucoup d'accidens, on prend en outre le parti de placer en-dessus du vitrage et à la distance d'environ deux pouces, un treillage en gros fil de fer enfermé dans un châssis dont les extrémités des barres repliées viennent s'enchâsser aux quatre coins dans des fiches ou pitons à collet disposés à cet effet dans les grands bois des châssis de la toiture.

Depuis quelques années nous avons emprunté des Anglais une manière tout aussi solide et beaucoup plus élégante de donner du soutien aux vitres placées à plat ou obliquement sur les toits des serres, etc., etc. Pour exécuter ces châssis, il faut disposer le tire-plomb de manière à pouvoir y tirer des verges qui ont jusqu'à 8 et même 10 lignes de large et dans lesquelles se trouve inséré le long de leur axe un gros fil de fer.

Le plomb dont il s'agit se fait en deux pinces semblables; elles portent une chambrée carrée d'un côté et une demi-ronde de l'autre. On sent bien qu'en tirant ce plomb, il est nécessaire qu'une roue du tire-plomb ait sa surface carrée, et l'autre plus épaisse, et demi-ronde; l'une de ces chambres est pour recevoir le verre, et l'autre le gros fil de fer. Lorsqu'on a ainsi tiré la quantité de verges de plomb dont on peut avoir besoin, on en assemble deux sur une table, le demi-rond contre l'autre demi-rond, avec le gros fil de fer entre deux, que les demi-ronds embrassent, et l'on soude ces deux pièces ensemble avec un fer dont le bout est plat et assez large pour cela ; ou bien avec les fers ordinaires. Il faut mettre à cette soudure bien moins de plomb qu'à l'ordinaire, afin que la verge de plomb, contenant plus d'étain à proportion, reste blanche et plus agréable à l'œil. Cela ajoute d'ailleurs à la ductilité du métal et à la solidité de l'ouvrage.

Quand on a ainsi étamé et soudé une face de cette verge, on la retourne, et l'on en fait autant sur l'autre face. La verge de plomb en cet état n'a encore rien de gracieux à la vue, elle n'est pas même solide, parce que le fil de fer n'est pas assez serré dans la chambre; mais on remédiera à ce double inconvénient, par une autre et dernière opération, qui consiste à repasser cette verge dans le tire-plomb : il faut pour cela auparavant en changer les deux roues avec les arbres, ou simplement les deux roues si elles sont mobiles sur l'arbre. Les deux roues à substituer doivent être plus petites en diamètre de toute la quantité que l'épaisseur du gros fil de fer jointe avec les cœurs des deux moitiés de la verge peut exiger.

Les coussinets doivent porter des moulures convenables. Lorsqu'on a ainsi repassé la verge de plomb dans le tire-plomb monté comme on vient d'en donner l'idée, elle est alors fort belle, bien unie, bien blanche, et très-solide, attendu que la dernière opération l'a façonnée et y a bien serré le gros fil de fer. On suppose qu'auparavant on a bien dressé ce fil de fer, qui doit être tiré à la filière exprès pour cet usage, afin de l'obtenir de la grosseur justement convenable à la largeur de la verge qu'on se propose d'en garnir.

Lorsqu'on doit assembler de ces verges de plomb ainsi garnies pour monter une vitre, on coupe d'abord le plomb avec le couteau propre à cet usage, et l'on se sert d'une lime pour couper le fil de fer de la garniture. On doit si bien ménager les choses, qu'on ne coupe le fil de fer, que des verges d'en haut et d'en bas, qui aboutissent contre une verge horizontale, dont on se garde bien de couper le fil de fer. Quelquefois la solidité de la vitre exige cependant qu'on coupe la verge horizontale au lieu de la verticale : cela dépend de la direction à donner, et du jugement du vitrier. Lorsqu'on a ainsi assemblé les quatre parties, et qu'elles ont été soudées, on les recouvre des deux côtés d'une pièce de cuivre qu'on a coupée et même ciselée avec une estampe sur une masse de plomb; on l'étame sur le dessous, on la perce par la face étamée sur l'assemblage, et par la seule application du fer à souder suffisamment chaud on soude ces deux lames de cuivre mince, qui non-seulement couvrent la difformité de l'assemblage, mais servent même d'ornemens. Bien souvent on n'est obligé de faire aucun assemblage : on met tout en une pièce les verges de plomb, lorsque les croisées ne sont pas bien larges. On voit des vitres ainsi construites qu'on pose dans une feuillure de la croisée, et l'on recouvre cette feuillure d'un châssis assez mince, en fer, qu'on fait tenir avec des vis et des écrous.

On ne peut rien voir de plus avantageux, de plus solide, ni de plus propre que des vitres montées avec ces sortes de verges de plomb. Elles donnent plus de jour, ne pourrissent ni ne se gâtent jamais. Les croisées coûtent beaucoup moins, car ce qu'on appelle *Petit-Bois* est bien plus cher et ne dure pas long-tems. Ces verges de plomb sont même très-convenables pour les vitres à grands carreaux. Lorsqu'on regarde ces vitres du dehors, la blancheur et la propreté des verges font plaisir à voir ; elles décorent beaucoup les fenêtres. Du reste, on peut les ajuster dans les croisées soit de bois ou de fer.

Des Châssis dits à PETITS-BOIS *de fer.*

LA pose des vitres en plomb dans des vitraux de fer est, à proprement parler, la partie de l'art du Vitrier qui suppose le plus un esprit de réflexion et de justesse capable de combinaisons et de rapports. Ici le vitrier sert jusqu'à un certain point de guide au serrurier ; c'est en effet au premier à prescrire au second les détails de son ouvrage, et à veiller sur la conduite qu'il y tient, pour en former de concert entre eux un tout régulier.

Supposons donc qu'un vitrier soit chargé de remplir une grande fenêtre de panneaux de vitres en plomb dans un vitrail de fer ; c'est à lui de prendre exactement la mesure de l'ouverture de la baie : ou c'est un châssis de fer qui doit réguer autour d'elle, sur lequel les montans et les traverses ou les gonds des portes ou guichets ouvrans dudit vitrail, leurs verroux et leurs mentonnets doivent être rivés; ou bien ce vitrail ne doit être composé que de montans et de traverses de fer scellées à l'arrasement de la feuillure. S'il s'agit d'un châssis de fer au pourtour du vitrail, le vitrier observera de prendre exactement la mesure des contours du cintre, soit plein rond ou surbaissé, soit ovale ou anse de panier, et de la partie carrée dudit vitrail, s'il n'y a point de châssis de fer.

Il n'a besoin que de la hauteur du milieu du cintre, et des deux hauteurs de la naissance du ceintre de chaque côté de la partie carrée. Ces mesures exactement prises, il en rapporte le plan sur le papier, en les réduisant du grand au petit. L'usage le plus ordinaire est de réduire l'échelle qu'il doit suivre à un pouce pour un pied. Ainsi il combinera le nombre de panneaux qu'il peut donner au vitrail, de manière qu'ils soient égaux entre eux en largeur et en hauteur dans la partie carrée, ou qu'ils aient tous la même mesure, ou carrée, ou oblongue, toute forme plus large que haute n'étant point gracieuse à la vue. Sa partition étant ainsi faite sur le papier et tracée par des lignes au crayon, il peut y tracer à l'encre la largeur du fer, moitié de chaque côté du milieu de ces lignes ; ce qu'il observe également dans la partie cintrée, lorsqu'il y en a une, en la distribuant en autant de rayons que la mesure et le bon sens peuvent lui en indiquer. Le nombre et la mesure de ces panneaux étant arrêtés, il partage à l'aide du compas, comme nous l'avons dit ci-devant, en partant de la ligne du milieu, la hauteur et la largeur de chaque panneau en autant de petits carreaux égaux ou prolongés qu'en demande la façon de vitres prescrite ou acceptée par l'architecte. C'est au moyen de ces échiquiers, ainsi que les nomment les vitriers, qu'ils tracent sur le papier les différentes figures et compartimens des pièces qui doivent composer l'ensemble de chaque panneau de vitrail, par leur rapport entre elles, et qui par conséquent doivent leur en donner le calibre. Le vitrier sait alors la quantité de verges de fer qu'il peut donner à chaque panneau, pour le soutenir en force; la place qu'elles doivent y occuper, celle des crochets de fer qui doivent porter les verges, celles des nilles propres à recevoir le panneau et à lui former pour ainsi dire, une encadrure qui l'assure en place, par le moyen de clavettes de fer qui, passant au travers de ces nilles, retiennent les bords du panneau.

Un serrurier expérimenté dans cette sorte d'ouvrage qui n'est pas fort fréquent, pourrait sur le simple plan, exécuter le vitrail, et le vitrier ses panneaux, pendant que le premier ferait sa ferrure. Celui-ci regardant toujours la tige du milieu du dessin comme le milieu de son fer, ne peut se tromper, quand bien même il n'aurait que le modèle en petit. Cependant le vitrail doit être entouré d'un châssis de fer, pour éviter la malpropreté qu'occasionent par la suite les graviers du scellement, qu'il faut démolir toutes les fois que l'on veut lever les panneaux pour les nettoyer ou les réparer. Il est expédient, surtout lorsqu'il est cintré, d'en tracer le plan dans un lieu assez spacieux, et d'y marquer exactement avec la largeur du fer la distribution des panneaux qui doivent le composer, la place des nilles et celle des crochets pour les verges de fer, afin que le serrurier s'y rapporte.

Un vitrail de fer est quelquefois composé de simples barres de fer de 16 à 18 lignes de face sur 5 à 6 lignes d'épaisseur, garnies, comme nous l'avons dit, de nilles et de crochets; et quelquefois ces barres de fer sont recouvertes de plates-bandes de forte tôle ou de fer battu, entaillées et percées à l'endroit des nilles qui les traversent, où elles sont retenues par des clavettes.

Quant aux crochets, on les rive sur ces plates-bandes; quelquefois aussi ce sont des boulons à vis et à écrous rivés sur les montans et les traverses, qui passant au travers des plates-bandes et même au travers des verges de fer, aplaties et percées par les bouts, tiennent la place des nilles et des crochets, et les écrous serrent le tout ensemble; mais cet usage doit être regardé comme le moins à suivre, à cause de la facilité avec laquelle ces écrous se rouillent, et de la difficulté qu'il y a de les dévisser lorsqu'ils sont rouillés, ou à cause du risque de casser une vis en la forçant; au-lieu qu'il suffit d'un léger coup de marteau pour chasser la clavette de sa nille.

DU NETTOYAGE ET RACOUTRAGE DES VITRES EN PANNEAUX.

Cette opération consiste d'abord, lors qu'on ôte de place les vitres pour la première fois, à marquer sur le plomb des panneaux vers le haut, avec le bout du couteau ou de la tringlette, dans le milieu, l'ordre des croisées en chiffres romains, et dans le coin du côté du mur, à chaque panneau, l'ordre qu'il tient dans la croisée. Cette précaution prise la première fois, sert pour les réparations suivantes, à les remettre en place dans le même ordre et sans rien déranger; on lève les verges de fer et on arrache avec les tenailles les pointes qui les retiennent.

On passe le couteau à racoutrer sur toutes les ailes du plomb et sur les bords du panneau. On redresse avec l'extrémité des doigts les liens ou attaches qui sont encore bons; on arrache celles qui sont rompues ; on gratte avec le même couteau les nœuds de celles qu'on a arrachées ; on en fait autant à la place des soudures qui pourraient être rompues sur les bords, ou dans le corps du panneau, lorsqu'elles ne sont pas en trop grand nombre (car dans ce dernier cas, on les remet en plomb neuf.) On refait les soudures et on ressoude d'autres attaches neuves, de la manière que nous l'avons dit en parlant des vitres neuves ; puis on mouille les panneaux à la brosse, pour ensuite les sécher au sable avec une autre brosse, et les remettre en place avec les mêmes précautions qu'on a indiquées à l'article des vitres neuves.

OBSERVATIONS *particulières sur le vitrage des serres et des châssis de couches.*

Le vitrage des serres a un double objet, dans la plupart des circonstances, c'est d'éclairer suffisamment les plantes et de les échauffer par la transmission des rayons solaires. Quand c'est la clarté que l'on recherche principalement, nul doute qu'il ne faille adopter l'usage du verre à vitres le plus blanc et qui disperse le plus les rayons lumineux. Cette espèce de verre offre d'ailleurs un plus beau coup d'œil pour l'ensemble d'une serre, et satisfait mieux aux exigences du luxe. Mais pour les serres destinées à faire fleurir les plantes des tropiques, le verre très-commun, très-coloré, tel que celui d'Alsace réputé le plus inférieur, est assurément celui qu'il faut préférer : la différence dans la température qu'il procure dans une serre, parce qu'il réfléchit moins les rayons lumineux et calorifiques, est énorme, et en général on ne s'en fait pas une idée suffisante. Le verre commun conviendrait surtout pour les serres d'une grande étendue, d'une grande hauteur, et dans lesquelles la plupart des plantes se trouvent éloignées du vitrage.

Quelle que soit l'espèce de verre adoptée pour le vitrage, il s'y rencontre assez fréquemment une défectuosité de forme à laquelle beaucoup d'horticulteurs, attribuent une grande influence sur la conservation des plantes succulentes et très-délicates : il y a peut-être quelque préjugé, et au moins beaucoup d'exagération dans ces idées ; je veux parler ici des espèces de loupes ou de convexités occasionées à la surface du verre, soit par des bulles de gaz dégagées en partie pendant la fusion de la matière, soit du défaut de parallélisme dans les plans des feuilles de verre, d'où résulte un bombement quelconque. On prétend que les rayons solaires tombant sur ces parties, s'y réunissent au *focus* et émettent une chaleur qui transforme le vitrage en un verre ardent qui brûle les plantes exposées dans la limite d'action de cette cause. Si c'était ici le lieu de discuter cette opinion, il serait facile de prouver que la configuration des vitres ne permet guère ce résultat, et que supposé qu'il puisse avoir lieu, le nombre des cas où il aurait de l'influence serait d'une rareté qui en rendrait le danger presque nul. Mais quoiqu'il puisse être de la réalité des faits sur lesquels se fonde la crainte qu'on a des loupes pour les serres, il est bon, ne fût-ce que pour satisfaire au préjugé des propriétaires, d'examiner quels moyens le vitrier doit employer pour écarter le prétendu inconvénient.

6 *

On a proposé de doubler intérieurement le vitrage d'un châssis en treillis, soit de fil de chanvre ou de métal; mais indépendamment de l'embarras et de la dépense de cet expédient, il est certain qu'il détruit tout l'agrément et une partie de la clarté de la serre. Il nous paraît qu'il y a un moyen à la fois plus simple, plus durable, moins coûteux, et d'un effet moins lugubre. Le vitrier, avant d'assembler ses panneaux, n'a qu'à en faire une revue exacte ; marquer toutes les bulles dilatées qui lui sembleront faire loupe, et toutes les courbures extraordinaires de la surface du verre. A l'aide d'une plume de diamant et d'une réglette, il sillonnera toutes ces parties d'un grand nombre de lignes croisées, qui rendront absolument impossible l'effet de concentration des rayons solaires que l'on redoute.

Ainsi que nous l'avons dit ailleurs, le vitrage à panneaux en recouvrement dit à *tabatière*, et dont nous donnons une figure n° 21 sur la planche, convient très-bien pour les serres, dont il augmente la clarté de toute celle que lui déroberaient les croisillons du *petit-bois*. En parlant de ce mode d'assemblage, nous avons omis de dire que, pour plus de solidité, et pour empêcher les carreaux de glisser l'un sur l'autre, dans le cas où le mastic des côtés se détacherait, on fait d'ordinaire chevaucher les deux carreaux dans une espèce de crochet en forme de S renversée. L'une des branches accroche sur le carreau de dessous, et l'autre branche sur celui de recouvrement. Cette S se place sur les côtés du carreau. Pour plus d'économie, ces crochets pourraient être faits en plomb, mais ils durent peu et se cassent facilement; ensorte qu'en dernier résultat il serait plus économique, plus durable, et même plus solide, d'y employer du cuivre en lames minces, dont il ne faut d'ailleurs qu'un bien faible poids pour le vitrage d'une serre.

Au surplus nous avons vu suppléer à ces crochets, avec moins d'élégance à la vérité, mais avec autant de solidité, par l'emploi d'une petite boulette de mastic placée au sommet du verre en recouvrement, entre celui-ci et le verre de dessous. Non-seulement ce moyen assure l'assemblage, mais il ménage, tout comme le font les crochets, un léger écartement entre les deux feuilles de verre : il convient que cet écartement soit à peu près d'une demi-ligne, pour s'opposer à ce que l'effet de la capillarité ne fasse refluer de bas en haut les eaux pluviales et n'introduise de l'humidité dans les serres.

DES MASTICS A EMPLOYER POUR LE VITRAGE DES SERRES.

Pour l'assemblage des panneaux de vitres placées perpendiculairement, et dans lesquelles l'infiltration des eaux est moins à craindre, il suffit du mastic ordinaire des vitriers dont nous avons donné la composition. Car on considère que, pour le cas où il devient nécessaire de relever ces carreaux, il convient de se ménager la facilité de les démastiquer sans qu'ils se brisent; voilà pourquoi on ne veut pas d'un mastic trop fort, et on y emploie la craie; mais quand il s'agit d'un vitrage à plat ou peu incliné, qui favorise singulièrement l'effet des eaux pluviales, la principale considération, et sauf le sacrifice du verre, c'est d'empêcher toute infiltration qui ruine la serre. Ici il faut de toute nécessité employer des mastics très-durables, très-résistans, absolument imperméables à l'eau. Depuis quelque tems divers établissemens formés à Paris offrent des mastics tirés des schistes bitumineux, qu'on livre à bas prix et dont on dit merveille; nous n'avons pas eu occasion d'en vérifier l'efficacité, et en attendant que l'usage en soit mieux connu, nous rappellerons qu'il est facile de composer un mastic, un peu plus cher peut-être, mais qui réunit toutes les qualités de permanence et de solidité désirables, en substituant à la craie dont nous avons indiqué l'usage, et avec toutes les toutes les précautions dans le battage dont nous avons parlé, un mélange de deux parties de blanc de plomb pur et d'une partie de litharge finement pulvérisée.

Si l'on avait des grands trous, des crevasses à boucher dans le bois, afin de diminuer la dépense qu'occasionerait l'emploi de ce mastic un peu cher, et de donner d'ailleurs moins de prise au retrait qui pourrait le faire casser sur une aussi grande surface, on introduirait, à l'aide d'un battage fort et long-tems continué, partie égale d'argile très-cuite et finement pulvérisée, telle par exemple que celle qui provient des gazettes à porcelaine, grès bien cuit, etc., et autres débris de faïence.

Le vitrier ne perdra pas de vue d'ailleurs, en plaçant tous ses mastics, que c'est par l'action répétée à de courts intervalles, de son couteau à racoutrer, qu'il parvient à serrer les pores du mastic et à le rendre absolument imperméable à l'eau, et résistant sans retrait ni fêlure, à l'action alternative du soleil et des rosées de la nuit.

Des Moyens de Démastiquer avec le moins de fracture possible, les carreaux assemblés au mastic dur.

Faites chauffer presque à bouillir, de l'huile de lin sans litharge, ou plutôt de l'huile de rabette. Servez-vous d'une petite éponge fixée au bout d'un bâtonnet, pour imprégner de cette huile chaude le mastic. Laissez agir l'huile quelques instans; après quoi imbibez avec une forte lessive rendue caustique par la chaux. Après refroidissement, lavez à grande eau et laissez sécher. Attaquez ensuite avec l'essence de térébenthine, et successivement par l'huile chaude, la lessive caustique. Recommencez cette série s'il en est besoin. Il est bien rare qu'un mastic quelconque y résiste, et qu'il ne puisse ensuite être facilement gratté avec une lame un peu mousse.

FIN.

TABLE DES MATIÈRES.

CHAPITRE PREMIER.

Travaux du Vitrier.

CHAPITRE II.

CHAPITRE III.

FIN DE LA TBLE.

V

Fig. 10.

Fig. 11.

Fig. 12.

Fig. 18.

Fi

Fig. 19.

Fig. 20.

Fig. 25.

Fig. 26.

Fig. 24.

Gravé par Durau.

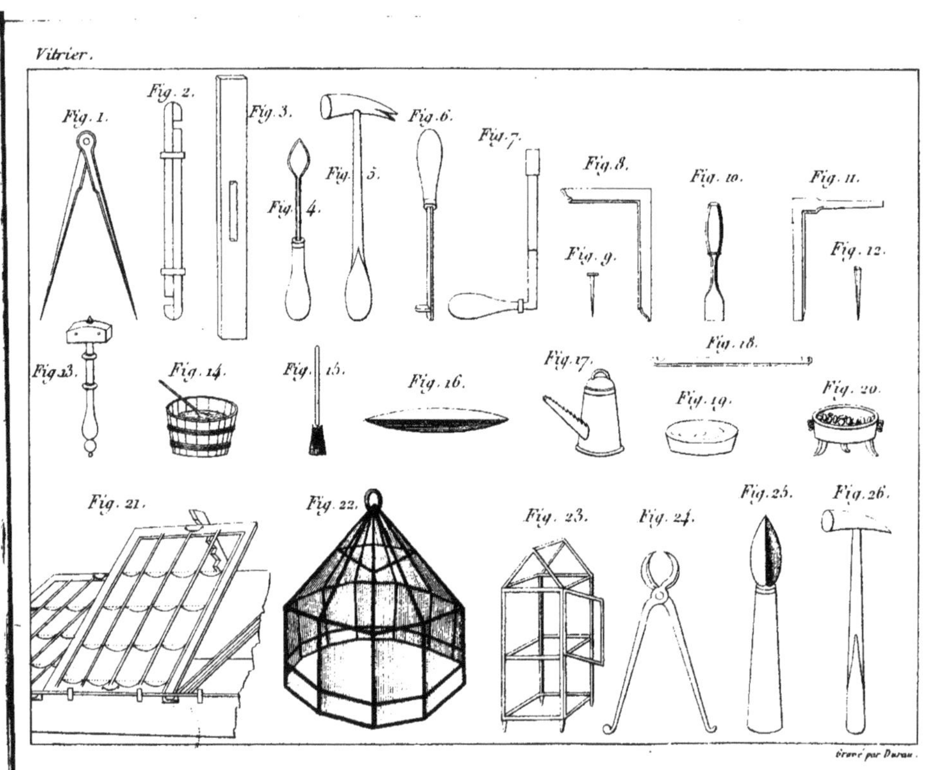
Vitrier.
Fig. 1.
Fig. 2.
Fig. 3.
Fig. 4.
Fig. 5.
Fig. 6.
Fig. 7.
Fig. 8.
Fig. 9.
Fig. 10.
Fig. 11.
Fig. 12.
Fig. 13.
Fig. 14.
Fig. 15.
Fig. 16.
Fig. 17.
Fig. 18.
Fig. 19.
Fig. 20.
Fig. 21.
Fig. 22.
Fig. 23.
Fig. 24.
Fig. 25.
Fig. 26.

www.ingramcontent.com/pod-product-compliance
Ingram Content Group UK Ltd.
Pitfield, Milton Keynes, MK11 3LW, UK
UKHW020923180726
13838UKWH00002B/723

9 782329 396064